KB097203

우리가 사는 세계

THE WORLD WE LIVE IN

우리가 사는 세계

후마니타스 교양교육연구소 지음

천년의상상

감사의 말

이 책은 경희대학교 후마니타스 칼리지가 펴낸 읽기 교재《문명 전개의 지구적 문맥 I : 인간의 가치 탐색》,《문명 전개의 지구적 문맥 II : 우리가 사는 세계》를 기반으로 하고 있다. 그 두 권의 교재는 2011년 도정일 후마니타스 칼리지 대학장의 기획과 집필 참여, 그리고 편집 과정의 총괄 지휘 아래, 수십 명의 소장 인문학자들이 가세하여 탄생했다. 남이 가지 않은 길을 개척하기 위해 동서양의 고전을 탐색하고 수십 차례의 편집회의로 낮과 밤을 보낸 그들의 시간과 노고는 기억해두어 마땅하다. 초판이 나온 뒤에도 몇 년에 걸쳐 계속된 워크숍과 편집회의를 거치면서 그 두 권의 책은 현재 3판의 모습으로 진화해왔다. 그러한 진화 발전의 결과로서 수업용 보조 동영상이 만들어졌고 드디어 손자뻘의 이 책이 나오게 되었다. 직접 참여한 분들과 간접으로 기여한 분들의 이름을 적어 감사를 표하고자 한다. (가나다 순)

강준호 고봉준 고원 김민웅 김병진 김연숙 김영진 김윤철 김은하 김인석 김종원 김종인 김태경 김혜란 김활란 김형균 노영숙 문영희 민승기 박상용 박현진 서광열 서동은 신영호 신충식 신혜영 양윤희 원석영 유광주 유병래 유정완 육정임 윤원근 이경석 이기라 이미선 이병수 이삼출 이영준 이윤성 이은정 이정순 이진오 임승필 임옥희 전호근 정순국 정연교 정의진 조영래 조현준 조희원 채미하 최인자 최재구 한춘순 호정은 홍기수 홍승태

그리고 이 책《우리가 사는 세계 : 인문적 인간이 만드는 문명의 지도》의 편집에는 고봉준, 고원 두 분이 수고를 아끼지 않으셨다.

머리말

1

대학이라면, 그곳에서 반드시 배우고 익혀야 할 것이 있는가? 경희대학교가 내놓은 대답은 "있다"이다. 2011년 경희대학교가 대학다운 대학을 만들기 위해 출범시킨 후마니타스 칼리지는 인류가 지금까지 축적한 문명에는 인간이라면 반드시 지켜야 할 핵심 가치가 있으며, 그것을 망각한 지적 노력은 한갓 도구적 지식에 떨어질 뿐이라고 판단했다. 인류 문명이 축적한 핵심 가치를 찾아가는 여정을 돕기 위해 후마니타스 칼리지는 《우리가 사는 세계》와 《인간의 가치 탐색》이란 두 권의, 대학가에서 악명 높게 방대한 교재를 편찬한 바 있다. 여기 세상에 내놓은 이 책은 그 교재의 핵심적 내용을 요약하고 시각적으로 변주한 것으로서, 독자들은 후마니타스 칼리지가 어떤 문제의식으로 세계를 파악하고 무엇을 질문하고 있는지, 인간이 반드시 알아야 할 핵심 가치가 무엇이라고 판단하고 있는지 그 일단을 공유하게 될 것이다.

대학이 취업기관으로 전락한 오늘날, 한국 대학에 발상의 전환을 촉구하는 후마니타스 칼리지는 대학 졸업생을 비롯한 젊은 세대가 한국 사회가 직면하고 있는 위기와 곤경을 헤쳐나갈 주체가 될 것이라 가정한다. 주어진 구도에서 할당된 역할을 맡는 수동성에 머물지 말고 더 나은 세계를 상상하고, 가능성을 탐색하고, 대안을 제시하는 능동성의 주체가 우리가 바라는 후마니타스, 문명을 만들어가는 사람이다.

그렇다면 그들이 갖추어야 할 자질은 무엇인가? 후마니타스 칼리지는 인간이 무엇인지 이해하고 우리가 사는 세계가 어떻게 만들어졌는지 알아두어야 한다고 판단한다. 인종과 역사가 다른 타자를 이해하고 그들과 함께 새로운 지구 문명을 만들기 위해서는 인류 문명이 지금까지 쌓아온 인간 자신에 대한 이해, 그리고 인간이 만들어낸 현재 세계의 작동 원리를 깨달아야 한다.

인간은 태어난 대로 살아가는 다른 동물과 달리 자신의 삶을 발명한다. 자신의 삶을 발명해내고 문명을 만들어가는 자, 이것이 후마니타스 칼리지가 내린 인간의 정의다. 인류 문명은 인간이 자신을 발명해온 역사의 축적이다. 그러므로 이 시대 젊은이라면 자신이 어떠한 발명의 결과인지 반드시 사고해야 한다. 그리고 지금 우리가 사는 세계가 인간이 처한 위기와 문제를 돌파하고 해결해온 결과의 축적이라면, 그 문제의 핵심과 위기 돌파의 지혜를 배워야 한다. 왜냐하면 문제 해결은 또 다른 문제를 낳아왔고, 현재 문제의 근원을 이해하지 못하면 새로운 해결책은 불가능하기 때문이다. 하지만 사태가 어떻게 전개되었다는 지식을 습득한다고 해서 문제 해결의 지혜가 저절로 생기는 것은 아니다. 우리가 닦아야 할 핵심적 자질은 문제를 발견하고 질문하는 능력이다. 인간에 대한 생생한 이해, 세계에 대한 주체적이고 독자적 관점의 이해 없이는 이러한 문제 설정 능력이 생기지 않는다. 여기 내놓은 이 책은 그러한 질문의 능력을 배양하도록 이끄는 내비게이션이 되어줄 것이다.

2

지난날 한국은 백여 년 전 서구 문명의 압도적 힘 앞에 굴복했고, 일본의 식민 지배를 당했으며, 분단과 전쟁을 거쳤음에도 경이로운 산업화를 이루어냈다. 하지만 이러한 실패와 성공의 경험에도 불구하고 여전히 우리에게 결여된 것은 스스로의 시각으로 세계를 파악하고 재구성하는 습관, 능력, 의지이다. 우리 젊은 세대에게 필요한 것은 지금까지 한국인들에게 부족했던 새로운 사고의 습관이다. 지구 전체가 연결된, 대융합 문명이 도래하는 거대한 전환기를 맞은 이 시대 젊은이들은 이 책을 통해 세계를 만들어가는 주인이 바로 나라는 인식과 더불어 주인으로서 가져야 할 정신의 태도, 습관을 익히는 데 도움을 얻을 것이다.

이 책은 우리가 사는 세계를 근대 세계 이후에 만들어진 것으로 축약해서 살펴본다. 현 세계를 움직이는 가장 큰 요소들이 과학혁명 이후 만들어졌다는 이 생각은 빅뱅 이후 기나긴 존재의 시간을 염두에 두는 사람에게는 다소 불만스러울 수도 있다. 하지만 인간이 자신의 세계를 만들어온 가장 드라마틱한 기간이자 오늘날 우리에게 가장 큰 영향을 끼치고 있다는 판단에 의해 근대 이후의 세계로 한정했을 뿐이다. 그러므로 만약 독자들이 더 넓은 시야를 갖고 이 책의 범위를 넘어 문명에 대한 지속적 관심과 질문을 발전시켜나간다면 더할 나위 없이 좋을 일이다.

이 책은 모두 아홉 개의 장으로 구성된다. 제1장은 과학혁명이다. 현재 우리가 살고 있는 세계를 만든 가장 큰 원동력이 과학혁명에서 시작되었고, 인간이 세계와 맺는 관계는 그 이전의 세계와는 완전히 바뀌었다. 이 장에서 과학혁명이 왜 중요한지, 과학적 방법은 무엇인지, 왜 동양에서는 과학혁명이 일어나지 않았는지 등 수십 가지의 질문을 떠올리고 사유해 보길 바란다. 제2장부터 제6장까지는 과학혁명 이후 전개된 변화들이다. 인간이 인간 자신에 대해 생각하는 관점을 바꾼 사상혁명, 인간 간 관계를 재조직한 정치혁명, 물질 생산과 교환의 방법을 재구성한 경제혁명, 이러한 변화에 따라 달라진 개인의 삶, 대도시에서의 삶 등은 지금 우리가 살고 있는 세계의 핵심적 요소들이다. 이러한 요소들이 현재 세계의 구성원리가 되기까지 인류가 겪은 탐색과 도전, 모험과 결단의 과정은 아직도 완전한 결론을 얻은 것이 아니다. 특히 제7장부터 제9장에서 다루듯이 우리가 속한 동아시아에서 근대가 던진 충격과 변용, 혼란과 갈등은 지금도 격렬한 변화를 만들어내고 있으며 끊임없는 선택을 강요하고 있다. 근대는 아직도 진행되고 있으며 근대가 제시한 해법은 아직도 완전한 문명과는 거리가 멀다. 9장에 이르는 전 과정은 현재 우리가 살고 있는 세계의 드라마를 압축한다. 미래 앞에 선 젊은 세대에게 묻는다. 어떤 사회에 살고 싶은가? 그것은 그대들의 선택에 달렸다. 이 책이 그 선택에 조그마한 도움이 되기를 빈다.

2015년 깊어가는 회기동 캠퍼스의 가을
후마니타스 교양교육연구소 소장 이영준

개인
individual   in (not) + divisible

01

과학혁명

근대 세계의 탄생

Ж

'과학혁명'은 특정 시기(16~17세기)에 특정 장소(유럽)에서 일어나 세계를 뒤바꾼 과학상의 대발견들을 가리키는 고유명사이다. 과학혁명은 네 가지 의미의 '혁명'을 포함한다. 인간이 세계를 보고 인식하는 방식의 혁명, 자연을 설명하고 이해하는 방식의 혁명, 지식이 생산되는 방식의 혁명, 정신과 사고방식의 혁명이 그것이다.

최초의 우주인
유리 알렉세예비치 가가린 Yurii Alekseevich Gagarin**은 외쳤다.**

"지구는 푸르다. 멋지고 경이롭다."
"여기선 어떤 신도 보이지 않는다."

그때까지 지구의 전체 모습을 실제로 본 사람은 없었다.
인간은 지구에 갇혀 있었고,
따라서 지구의 극히 일부만을 볼 수 있었다.

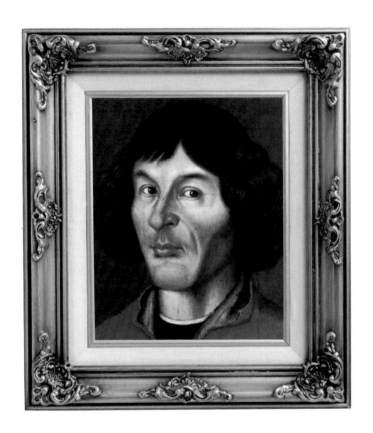

그러나

지구를 객관적으로 조망하고자 했던 사람이 있다.

500년 전, 16세기 폴란드의

니콜라우스 코페르니쿠스Nicolaus Copernicus이다.

망원경도 없었던 시절
40년 동안 맨눈으로 하늘의 별을 관찰한 그의 놀라운 발견.

> "
> # 태양이 돌지 않고 지구가 돈다!
> "

과학혁명의 시작

코페르니쿠스는 1543년,
그가 죽던 해 지동설을 담은 책

《천체의 회전에 관하여De Revolutionibus Orbium Coelestium》
를 출간했다.

그러나 세상은 냉담했다.
"코페르니쿠스는 미쳤다!"

그로부터 67년이 지난 1610년,
갈릴레오 갈릴레이Galileo Galilei는
직접 만든 망원경으로 태양계를 관찰한 후 말했다.

"코페르니쿠스가 옳다. 지구가 돈다."

코페르니쿠스는 관찰했고,
갈릴레이는 실험하고 증명했다.

관찰

근대 과학의 세 가지 방법 등장

실험   검증

이전에도 관찰은 있었다.
고대 그리스 철학자 아리스토텔레스Aristoteles,
관찰의 대가인 그는 제자들에게 가르쳤다.

"관찰하라, 끊임없이 관찰하라."

그러나 관찰의 대가 아리스토텔레스의 오류

"여자의 피는 남자의 피보다 검다."
틀렸다!
"남자는 여자보다 치아가 더 많다."
틀렸다!
"갸름한 달걀에서는 암평아리가 나오고,
동그란 달걀에서는 수평아리가 나온다."
틀렸다!

그는 왜 틀렸는가?

검증하지 않았기 때문이다.

실험, 확인, 증명의 절차 없이

그 시대의 세계관을 받아들였기 때문이다.

둥근 것은 완전하고 타원은 불완전하다.
수컷은 완전하고 암컷은 불완전하다.
그러므로 수평아리는 둥근 달걀에서 나오고,
암평아리는 갸름한 달걀에서 나온다.

완전성에 대한 신념

"원은 타원보다 완전하다."
"수컷은 암컷보다 완전하다."

그러나 시대의 오류에 맞서
과학의 진리를 밝히려 한 사람들이 있다.

"신은 완벽한 세계를 창조했다." 아니다!
"하늘 아래 새로운 것은 없다." 아니다!
"모든 행성의 궤도는 원형이다." 아니다!

그들의 운명은 험난했다.

화형당한 조르다노 브루노Giordano Bruno 수도사
종교재판대에 선 갈릴레이

그들의 손에서 진행된 150년간의 과학혁명

그들의 과학정신, 과학적 사고
그리고 그들이 확립한 과학의 방법은

과학혁명이
인류에 남긴 거대한 유산이다.

인간은 자기를 둘러싼 자연 세계를
이해하기 위해 오랫동안 노력해왔습니다.
자연을 합리적으로 이해하고 설명하려면
자연 세계에 관한 정확한 지식이 필요합니다.
자연에 대한 정확하고, 객관적이고,
보편적인 지식을 얻으려는 인간의 활동이 과학입니다.

이러한 지식을 얻기 위해
과학은 우리에게 무엇을 요구할까요?
과학하기의 황금률이라 부를 만한 것을 추리면
다섯 가지입니다.

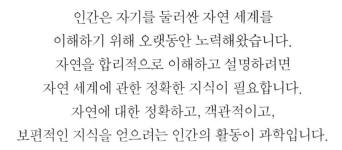

상식을 의심하라.
관습과 경험감각을 넘어서라.
물려받은 통념을 맹종하지 마라.
호기심을 가지고 탐구하라.
질문하고 의문을 제기하라.

코페르니쿠스 시대의 상식은
지구가 아니라 '태양이 돈다'는 것이었습니다.
코페르니쿠스는 그런 상식에 의문을 제기했습니다.

"정말 그런가?"

갈릴레이가 살았던 시대의 상식은
'무거운 물체는 가벼운 물체보다 빨리 낙하한다'는
것이었습니다.
갈릴레이는 이런 상식을 의심했습니다.

"정말 그런가?"

상식이나 경험은 인간의 삶에서 중요할 때가 많습니다.
그러나 자연 세계를 탐구하는 과학은 상식과 경험의
구속을 벗어날 필요가 있습니다.
아인슈타인은 "상식이란 18세까지 습득한 편견의 조합"
이라 말했습니다.

"
상식을 의심하라!
"

역사가들은 코페르니쿠스의 《천체의 회전에 관하여》가
출판된 1543년을 과학혁명이 시작된 시기로 간주합니다.
이 책의 출판으로 아리스토텔레스에서
클라우디오스 프톨레마이오스Klaudios Ptolemaios를 거쳐
수천 년간 지속된 오류가 수정되었기 때문이지요.

코페르니쿠스는
단순히 하나의 과학 이론을 발표한 것이 아니었습니다.
우주에서 인간이 차지하고 있는 지위와 인간의 존재 의미에 관한
충격적인 진실을 제시한 것입니다.

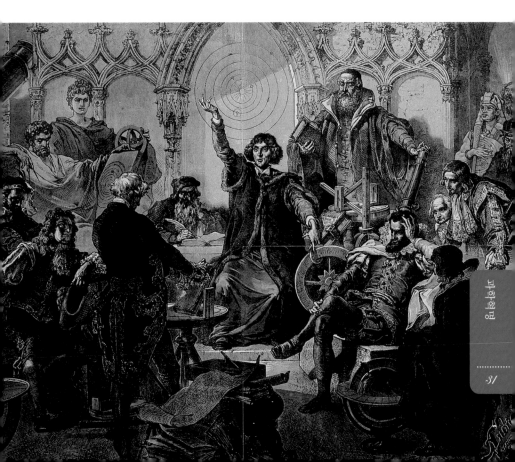

"어떤 발견도,
어떤 이론도 코페르니쿠스의 학설만큼
인간정신에 지대한 영향을 미친 경우는 없을 것이다."

요한 볼프강 폰 괴테Johann Wolfgang von Goethe의 평가입니다.

"코페르니쿠스의 태양중심설은
지구와 지구에 사는 인간이
그동안 우주에서 누렸던 특권적 지위를
박탈해버릴 수도 있는 이론이었다.
인간은 신이 사랑하는 유일한 존재가 아닐 수도 있다는
의심을 불러일으킨 것이다.
코페르니쿠스가 제시한 우주 체계는 서양 중세의
우주관, 인간관, 세계관의 뿌리를
뒤흔들어놓을 만큼 충격적인 것이었다."
《과학혁명의 구조The Structure of Scientific Revolutions》를 쓴
토머스 쿤Thomas Kuhn의 말입니다.

근대 유럽의 세계관 형성에
결정적 역할을 한 또 하나의 거인이 갈릴레오 갈릴레이입니다.
갈릴레이는 손수 개량한 망원경으로 태양의 흑점을 발견했고,
달의 표면이 울퉁불퉁하다는 사실도 알아냈습니다.

그의 발견은 신이 거주하는 하늘 세계는 완전하기 때문에
어떤 변화나 결함도 있을 수 없다고 생각했던
유럽인들을 뒤흔들어놓았습니다.
"성경은 하늘로 가는 길을 보여줄 뿐 하늘이 어떻게 운행되는가는
설명하지 않는다"고 갈릴레이는 말했습니다.

관찰, 실험, 검증은 근대 과학이 세운 방법입니다.
자연에 대한 확실한 지식에 도달하기 위해서는
관찰과 실험, 검증이 필수적이기 때문입니다.
그래서 프랜시스 베이컨Francis Bacon은 귀납적 방법으로
자연에 접근해야 한다고 주장했습니다.

확실한 지식이란 무엇일까요?
장소와 시대를 불문하고
언제 어디서나 참인 것이 과학적 진실입니다.
과학적 진실을 아는 것이 과학지식,
곧 자연에 대한 확실한 지식입니다.

한국에서만 진리이고 일본, 중국, 아프리카로 가면
진리가 아닌 것은 보편적 지식이 될 수 없습니다.
물은 한국에서만 섭씨 0도에서 얼고
북극에서는 영하 10도에서 어는 것이 아닙니다.
모든 시대, 모든 곳에서 물은 0도에서 업니다.

중력은 지구에만 존재하는 것이 아닙니다.
그것은 우주 모든 곳에서 작용하는 힘입니다.
이런 것이 객관적, 보편적 지식입니다.

과학자들은 아주 '순진한' 질문으로부터
탐구를 시작할 때가 많습니다.

'달은 왜 떨어지지 않을까?'
'사과는 왜 위로 솟구치지 않고
밑으로 떨어질까?'

이런 질문으로부터 뉴턴은 우리가 중력이라 부르는
'만유인력의 법칙'을 끌어냈습니다.
사람들은 아이처럼 순진무구한 질문을 해대는
과학자를 두고 '영원한 피터팬'이라 말하기도 합니다.

하지만 과학자는 그런 순진해 보이는 질문으로
자연의 감추어진 비밀과 법칙을 밝혀내며
지식의 지평을 넓힙니다.

코페르니쿠스에서 시작된 과학혁명은
갈릴레이를 거쳐 뉴턴으로 이어졌습니다.
그리고 그 혁명 이후 세계는 달라집니다.

진리는 더 이상 교회의 권위로 결정되지 않았고,
맹목적 전통으로도 규정되지 않았습니다.
순응주의, 맹종, 진리 독점
이런 것들은 과학 발전의 장애물입니다.

관찰, 분석, 실험, 검증, 비판, 논박 등을 거쳐
확인된 과학적 근거가 진리를 결정합니다.

근대 과학이 세운 이런 방법들은
통념, 상식, 관습의 굴레로부터
어떻게 진리를 해방시킬 것인가라는
문제에 해답을 준 근대적 '해결책' 입니다.

1660년 영국 런던에서는 왕립학회가 창립되었습니다.
왕립학회는 청교도혁명 이후 늘어나기 시작한 옥스퍼드대학의
자연과학자들이 모여 만든 단체입니다.

그들은 프랜시스 베이컨이 강조한 실험과학정신을 따라
자연과 기술에 대한 합리적 지식 생산을
주된 목표로 삼았습니다.

뉴턴은 1703년 왕립학회 회장으로 추대되어
세상을 뜰 때까지 직책을 맡았습니다.
뉴턴이 회장으로 있는 동안 왕립학회는
영국 자연과학을 대표하는 학문기구가 되었습니다.

왕립학회는 2010년 창립 350주년을 맞았습니다.
학회의 변함없는 기치는
"누구의 말도 당연한 것으로
받아들이지 말라"입니다.

왕립학회는 최초의 과학공동체였습니다.
과학공동체는 어떤 제국보다 안정되어 있다고
과학자 제이콥 브로노우스키Jacob Bronowski는 말했습니다.
왜냐고요? '국경 없는 진리의 공동체'이기 때문입니다.

1919년 왕립학회는 뉴턴의 초상이
내려다보고 있는 방에서
뉴턴의 이론을 뒤엎는 한 젊은 물리학자의
가설이 옳다는 사실을 발표합니다.

그 젊은 과학자는
알베르트 아인슈타인Albert Einstein이었습니다.

영국과 독일은 제1차 세계대전 적대국이었고,
아인슈타인은 독일 국적의 과학자였습니다.
그렇지만 아인슈타인의 이론은 진리로 받아들여졌습니다.
과학공동체가 '국경 없는 진리의 공동체'임을 보여준 사례였습니다.

과학정신이란 무엇일까요?

탐구정신과 진리 수호가 과학의 정신입니다.
진리를 캐고, 목에 칼이 들어와도
"진리는 진리다"라고 말하는 것이 과학정신이죠.
그 정신은 세상의 비난, 야유, 조롱을 견디어냅니다.

마르틴 루터Martin Luther는 코페르니쿠스를 야유했습니다.

"코페르니쿠스는 바보다. 우주 진리에 대한 아름다운 이론을 저 바보가 뒤집어엎으려 한다."

1859년 찰스 로버트 다윈Charles Robert Darwin이
진화론을 발표하자 사람들은 그를 조롱했습니다.

"당신의 조상은 원숭이인가?"

과학자들이 세상의 비난과 야유와 조롱을
견뎌낼 수 있었던 것은 진리 탐구와 진리 수호의 정신에
투철했기 때문입니다.

과학정신에는 또 한 가지 중요한 특징이 있습니다.
바로 오류 수정의 정신입니다.

틀린 것은 즉각 폐기하고,
오류는 즉시 수정하는 것이 오류 수정입니다.
선후배 관계, 사제지간, 권위와 권력 같은 것이 오류 수정의
정신을 가로막지 못합니다.

요하네스 케플러Johannes Kepler는
코페르니쿠스의 행성 원형궤도를 타원궤도로 수정했고
아인슈타인은 뉴턴의 이론을 수정했습니다.
뉴턴 이론을 수정한 아인슈타인의 가설이
관측 결과 진리로 확인되고, 왕립학회가 이 사실을 엄숙히
공표한 것은 오류 수정의 정신을 잘 보여줍니다.

그날 발표장에 참석했던
철학자 앨프리드 노스 화이트헤드Alfred North Whitehead는
"200년간 의심받지 않았던
뉴턴 이론이 수정되는 순간이었다"고 찬탄합니다.
그것은 그리스 비극과도 같은 장엄한 장면이었다고
그는 말했습니다.
뉴턴의 권위보다 과학의 진실이 더 중요했던 것이지요.

아인슈타인의 이론은 20세기 물리학의 기적으로 평가받고
있습니다. 그러나 그의 모든 이론과 주장이
완벽한 것이었을까요? 아닙니다.

1917년 아인슈타인은 일반 상대성 이론에 근거하여 "우주는
팽창하지도 수축하지도 않는다. 우주는 안정되어 있다"는
정적 우주론을 발표했습니다.

하지만 1948년 러시아 출신의 젊은 과학도
조지 가모프George Gamow가 팽창 우주론을 들고 나와
아인슈타인의 생각에 도전했습니다.

가모프의 팽창 우주론은 그 후 많은 과학자들의 끈질긴
관측 끝에 진실임이 밝혀지고,
새로운 우주 모델로 발전하게 됩니다.
그 새로운 우주 모델이 지금의 '빅뱅 이론'입니다.

빅뱅 이론이 진리로 확인되자 아인슈타인은 말했습니다.
"내가 완전히 틀렸어."

우주는 어떻게 창조되었을까?
우주의 나이는 얼마일까?
우주는 변화하는가, 불변하는가?

이런 질문은 과학이 결코 답하지 못할 비밀이라 여겨져 왔습니다.
우주 창조는 과학이 아닌 종교의 영역이며
신비의 베일에 가려 있다고 사람들은 생각했지요.

그러나 20세기 관측천문학, 천체물리학,
수학은 비밀의 베일을 벗겨내기 시작했습니다.
그리고 빅뱅 이론이 확립되었습니다.
빅뱅 이론은 우리에게 무엇을 가르쳐주었을까요?
우주에 관한 더 정확한 지식입니다.

이를테면 이런 것들이죠.
"우주의 설계자는 없다."

"우주는 130억 년 전 원시원자의 대폭발로부터 창조되었다."
"빅뱅 이후 우주는 계속 팽창하고 있다.
우주는 안정되어 있지 않다."
"우주에는 우리 은하계 말고도 수백억 개의 은하들이 더 있다."

물론 빅뱅 이론이 답하지 못하는 문제들도 있습니다.
우주는 '왜' 창조되었을까?
원시원자는 어디서 온 것인가?
우주가 계속 팽창한다면 언제, 어디까지 팽창할 것인가?
팽창의 끝은 없을까? 이런 질문들이지요.
이 중에는 과학의 질문일 수 없을 듯한 것도 있습니다.

그러나 다윈의 진화론이 19세기 판 과학혁명이었다면
빅뱅 우주론은 양자물리학, 분자생물학과 함께
20세기 판 과학혁명을 이끌었습니다.

질문이 있는 곳에 과학이 있고,
과학의 발전이 있습니다.
과학혁명은 계속되고 있습니다.

과학 발전과 관련해서
우리가 곰곰이 생각해봐야 할 중요한 질문이 하나 있습니다.
과학은 언제, 어느 곳, 어떤 조건에서
가장 발전하는가라는 질문입니다.

과학 발전에 성공한 문명이 있는가 하면
실패한 문명도 있습니다.
무엇이 이런 차이를 낳을까요?

중국 과학사를 전공했던
조지프 니덤Joseph Needham의 유명한 질문이 있습니다.
종이, 화약, 나침반을 발명한
중국은 16세기까지
서유럽 어느 곳보다 앞선 기술 선진국이었습니다.

"중국에서는
왜 과학 발전이
일어나지 않았는가?"

이것이 니덤의 질문입니다.

이 질문은 '조선의 과학'에도
들이밀 수 있습니다.
고려 문종 27년인 1073년 초신성의
폭발을 관찰한 기록이 《고려사高麗史》에
실려 있습니다. "모과만 한 밝은 별이
하늘에 나타났다."
그때까지 세계에서 단 하나뿐인
천문 관측 기록입니다.

조선의 천문 관측기술도
일정 기간 상당한 수준에 올라 있었습니다.
그런데 조선에서 과학 발전은 왜 일어나지 않았을까요?

과학이 아무 때, 아무 곳에서나 가능하지 않다는
사실을 깊이 생각하게 만든 것이 니덤의 질문입니다.
그의 질문은 과학 발전을 가능하게 하기도 하고,
발목을 잡기도 하는 사회적, 정치적, 문화적 조건들에
주목하게 합니다.

과학을 하는 데 어떤 사회적 조건들이 필요할까요?
과학을 하려면 사상의 자유, 비판의 자유, 수정의 자유가 있어야
하고, 과학자의 독립성과 독창성이 보장되어야 합니다.

이런 조건을 충족시키는 것이 민주주의입니다.
제이콥 브로노우스키 교수는
"과학에는 민주주의가 필요하다"고 말합니다.
그는 과학기술과 문명의 발전을 다룬 BBC 방송의 13부작 다큐
멘터리 〈인간 등정의 발자취The Ascent of Man〉를
제작한 수학자이자 생물학자입니다.

탐구와 비판의 자유가 보장되고, 다른 사람의 관점을 존중하는
관용의 문화가 있는 곳에서만 과학은 발전합니다.
이런 것이 과학 발전을 위한 사회적, 정치적, 문화적 조건입니다.

사회는 먼저 과학 발전에 필요한 조건들을 만들어주어야 한다고
브로노우스키는 말합니다.
맞는 말이지요. 과학적 진실을 말했다가 목이 달아나는
사회라면 과학은 불가능합니다.

사고의 독립을 뜻하는 '독립성'은 과학적 방법의 기초가 됩니다.
'독립성'과 '독창성'이 과학을 위한 개인적 요구라면,
'인간정신의 자유'를 표현하는
'비판과 이의 제기'는 과학의 공적 요구입니다.

자유로운 사고, 자유로운 물음, 자유로운 발언은
과학자의 독립성을 보장하기 위한 안전장치이며,
사회는 이런 장치들을 제공해야 합니다.

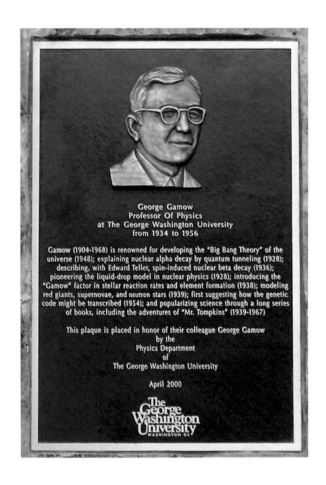

아인슈타인의 우주 모델을 수정한 소련 출신의 과학자
조지 가모프는 당의 간섭이 싫어서 조국을 탈출합니다.

소련 공산당이 마르크스-레닌의 변증법적 유물론으로
과학 이론을 판단하려 했기 때문입니다. 정치적, 이념적 관점으로
과학의 진리를 결정하는 행위는 가모프 같은
과학자에게는 어리석기 짝이 없는 짓이었습니다.

독립성과 관용의 가치는 과학의 방법으로부터 도출되었습니다.
독립성과 관용의 조화로부터 이의 제기 사고와 표현의 자유,
공정성, 명예, 인간의 존엄성, 자존 등과 같은 일련의 가치들이
발현됩니다. 이처럼 독립성과 관용은 인간이 추구하는 가치를
이성적으로 유도해왔습니다.
과학혁명이 18세기 계몽사상에 깊은 영향을 준 것도 그래서입니다.

과학혁명 이후 인간의 가치는
이러한 과정을 통해 진화해왔습니다.
인간이 자유, 정의, 존엄을 요구하게 된 것은
과학정신이 인간사회에 널리 퍼졌기 때문입니다.

'과학'과 '과학 아닌 것' 사이에는
근본적인 차이가 있습니다.
과학은 사실에 입각해 끊임없이 검증받습니다.

검증을 위해서는 반복적인 실험과 객관적인
측정활동이 필요합니다. '과학 아닌 것'은
새로운 사실을 두려워합니다. 하지만 과학은 기존의 것을
반증하는 새로운 발견을 선호하죠. 과학 이론은 반증 사례에
직면하면 폐기되도록 특별히 설계되어 있습니다.

과학 이론은 거듭되는 장례식을 통해 진보합니다.
사실에 대한 열린 태도 때문에 과학은 실재의 세계를
탐구하는 가장 효과적인 방법이 됩니다.

코페르니쿠스로부터
아인슈타인에 이르기까지
과학의 전통은 기존의 관점,
확신, 신념 뒤집기의 연속이었습니다.
이론의 정립과 붕괴의 연속적 과정이
과학의 전통입니다.

과학과 과학 아닌 것을 구분하고
비과학적 설명이나 터무니없는 믿음의 위험성을 막아내는 데
결정적으로 중요한 것이 과학적 사고입니다.

과학적 사고는 학문하는 데는
물론 우리의 일상생활과 사회활동에서도
없어서는 안 될 필수 불가결의
합리적, 비판적 사고 능력입니다.

과학 이론은 상상력과 통찰력의 산물입니다.
상상력은 예술 창작의 조건일 뿐만 아니라 과학 이론의 형성에도
매우 중요합니다.
과학은 예술과 마찬가지로 창조적 활동이라 할 수 있습니다.

예술가든 과학자든 자연의 다양함 속에서
새로운 통일성을 찾아낼 때 그는 창조자가 됩니다.

'창조'라는 개념은 질서의 창조를 뜻합니다. 창조 행위는 예술과
과학에서 동일한 의미를 가집니다. 과학혁명이 이룬 성취는 과학
분야에만 국한된 것이 아닙니다. 서양이 르네상스 시기를 거쳐
근대 사회로 이행하는 데 원동력이 되어준 것은 과학혁명입니다.

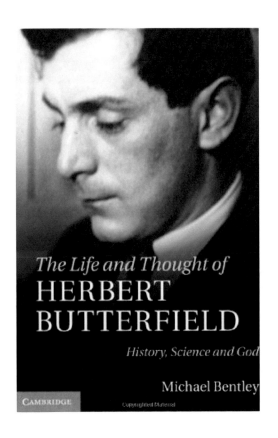

"과학혁명은 유럽 역사상 기독교의 출현 이래
어떤 사건보다 훨씬 중대한 것이었다."

—허버트 버터필드Herbert Butterfield

18세기 계몽주의는 물론이고
프랑스혁명이나 미국 독립혁명 같은 민주주의혁명의 바탕에는
과학혁명의 영향이 깔려 있습니다.
근대 사상과 근대 사회의 진정한 기원으로서
과학혁명은 서양만이 아니라 세계 전체에 깊은 영향을 주었습니다.

과학혁명은 네 가지 의미의 '혁명'을 포함합니다. 인간이 세계를 보고 인식하는 방식의 혁명, 자연을 이해하고 설명하는 방식의 혁명, 지식이 생산되는 방식의 혁명, 정신과 사고방식의 혁명이 그것입니다. 이 일련의 혁명과 함께 세계는 그 이전의 세계이기를 중지하고, 시대는 달라지고, 인간의 사고방식에도 대전환이 일어납니다.

새로운 세계, 새로운 문명이 탄생합니다.
역사는 이 새로운 세계와 문명을 근대 세계라 부르고
근대 문명이라 부릅니다.

우리는 왜 과학혁명의 성취를 공부해야 할까요?

과학의 출발점인 호기심과 질문은 공부하는 사람
이라면 누구나 가져야 하는 정신 습관입니다.

우리는 자유롭게 탐구하면서
편견과 오류로부터 해방되어야 합니다.

근대 과학이 확립한 과학적 방법과 정신은
자연과학과 공학뿐만 아니라 인문, 사회과학,
예술 등 모든 분야에 필요합니다.

과학정신, 과학적 사고, 과학적 탐구 방법은 공부하는 사람에게
요구되는 기본 능력이며, 그 능력은 교양 과정에서 길러져야 합니다.
합리적 사고, 표현과 사상의 자유, 비판과 관용의 정신은
학교뿐만 아니라 모든 사회조직과 사회활동에 필요합니다.

IL PESCE GROSSO MANGIA IL MINVTO.

우리가 과학혁명을
공부하는 이유는 바로
그런 기본 능력을
키우기 위해서입니다.

02

사상혁명

사페레 아우데! 미성숙으로부터의 탈출

Ж

과학혁명이 과학적 사고와 방법의 혁명이었다면 계몽은 인간, 사회, 정치, 역사를 새로운 방식으로 사유하고 인간이 가진 능력으로 새로운 세계를 열어가려 한 용감하고 광범한 사상혁명, 정신혁명, 태도혁명이다. 칸트가 '계몽이란 미성숙으로부터의 탈출'이라 말한 것은 계몽의 이러한 혁명적 성격을 잘 포착한다.

18세기 유럽
자신이 살고 있는 시대를 '어둠의 시대'라
생각한 사람들이 있었다.

그들이 본 어둠의 시대

무지, 몽매, 미신이 지배하는 시대
독단, 맹신, 불평등, 차별, 불관용의 시대

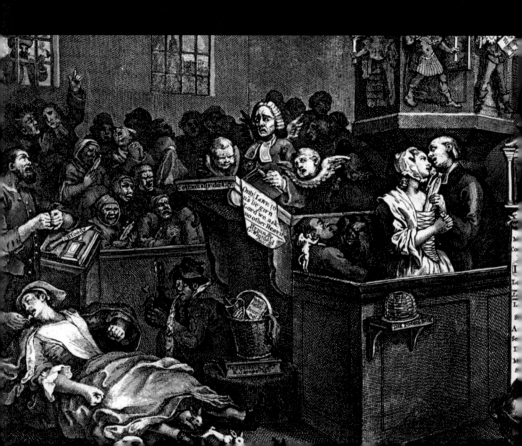

In the age of darkness, there was no reason,
no tolerance, no human rights, no individual,
no freedom, no equality, and thus no human.

그들은 생각했다.

'어둠의 시대'를 '빛의 시대'로 바꿀 수 없을까?
인류는 오류와 미신의 어둠으로부터 탈출할 수 없을까?

신에 의지하지 않고도 옳은 것과 틀린 것을 가려내고,
남에게 의존하지 않고도 자기 머리로 생각하고,
판단하고, 행동할 수 없을까?

인간은 자기 힘으로 운명을 바꾸고,
사회를 뜯어고칠 수 없을까?

믿음이 다르고, 생각이 다르다 해서 사람을 고문하고,
감방에 처넣고, 죽이는 일을 그만둘 수 없을까?

개인이 자유롭고,
인간이 존엄한 세계를 만들 수 없을까?

할 수 있다!

어떻게?
어둠을 걷어내고 '빛의 시대'를 열자.

무지, 몽매를 밀어내고
'이성의 시대'를 열자.

이런 생각을 가진
철학자, 경제학자, 사상가, 정치가, 과학자들이
영국, 프랑스, 독일, 네덜란드 등에서
불꽃처럼 터져 나온 시대

그 시대를 우리는
'계몽의 시대'라 부른다.

인간, 사회, 역사의 진로를 바꾸려 했던 사람들
자유와 인권을 주장하고,
이성과 양식의 힘을 강조한 사람들

역사는 그들을
'계몽사상가'라 부른다.

계몽啓蒙
Enlightenment
Lumières
Aufklärung

계몽이라는 이름의

사상혁명
정신혁명
태도혁명

"그 사전만은 절대 출판되어선 안 돼!
세상이 위험해진다."

왕과 귀족들은 이 사전의 출판을 막으려 했습니다.
권력기관의 검열과 탄압은 사전 집필자들을 괴롭혔습니다.
견디지 못해 집필을 중단하고 떠나버린 사람도 많았습니다.

도대체 어떤 사전이었을까요?

《백과전서 혹은 과학, 예술, 기술에 관한 체계적인 사전Encyclopédie,
ou dictionnaire raisonné des sciences, des arts et des métiers》 줄여서
'백과전서' 라 불리는 총 35권의 사전입니다.

누가 썼을까요?

사전을 만든 사람은
드니 디드로Denis Diderot, 장 르 롱 달랑베르Jean Le Rond D' Alembert,
볼테르Voltaire, 장 자크 루소Jean Jacques Rousseau, 몽테스키외Montesquieu,
마르키 드 콩도르세Marquis de Condorcet 등
18세기 프랑스를 대표하는 계몽사상가들이었습니다.

역사는 이들을 '백과전서파' 라 부릅니다.

이들 중 사전 편찬에 가장 심혈을 기울인 사람은 디드로였습니다.
그는 1751년부터 1772년까지 21년에 걸쳐
사전 집필과 편집에 몰두했고, 어두운 방에 숨어 일하다
시력을 잃을 뻔하기도 했습니다.

계몽사상가들은 왜,
무엇을 위해 이처럼 방대한 지식사전을
편찬했던 것일까요?

백과사전은 '인간 지식의 울타리'를 의미합니다. 디드로는 교회의 독단과 진리 독점, 국가의 폭력과 전횡을 벗어나 지식을 해방시키고, 어둠에 갇힌 진리를 드러내는 것이 지식의 울타리를 확장하는 일이며, 인간정신을 해방시키는 일이라 확신했습니다. 인간의 해방이 사회의 해방을 가져온다고 계몽철학자들은 생각했습니다.

'인간', '사회' 같은 항목을 지식사전에 올린 것도
백과전서가 처음입니다.
이전까지 '인간'이나 '사회'는
사전에 오를 만한 항목이 아니었습니다.

이 사전은 지식, 진리, 진보로 나아갈 수 있는
인간 이성의 능력을 보여주고자 했습니다.
인간은 과학혁명을 통해 이성의 능력을 발견했습니다.

과학적 사고방식은 유럽 전역의 계몽사상가에게 전해졌습니다.
계몽사상가들은 과학의 모델에 입각해서
정신혁명을 시도했습니다.
이성에 근거한 세계를 그리며
사회와 문화와 세계를 개조하려 했습니다.

"
자유 · 비판정신 · 관용 · 진보
"

정치적, 종교적, 철학적 신념의 차이에도 불구하고
계몽사상가들은 '이성에 대한 신뢰'를 공유했습니다.
세상을 일깨우고 인간정신을 해방시키려는 열정도 공유했습니다.

이런 계몽사상가들의 신념과 열정은 자유, 비판정신,
독립성과 자율성, 관용과 진보라는 가치로 나타났습니다.

18세기 동프로이센의 수도 쾨니히스베르크Königsberg에 한 괴짜
철학자가 살았습니다. 그는 가을, 겨울, 봄에는 매일 산책에 나섰
는데 산책 중에는 누구와도 말을 하지 않았다고 합니다. 그가 좋
아한 산책의 원칙 하나는 '코로 숨 쉬는 것'이었습니다.

동네 사람들은 그가 산책에 나설 때면 시계를 보지 않고도
정확히 오후 3시 30분이라는 것을 알았습니다.
단 두 번 시간을 어겼다고 알려졌는데, 한 번은 루소의
《에밀Emile》을 읽다가, 또 한 번은 프랑스혁명 소식이
실린 신문을 보느라 그랬다고 합니다.

그는 경제적으로 어려웠지만, 국가가 주는 장학금을 마다하고 스
스로 학비를 마련하기 위해 가정교사를 했습니다. 독립적이고 자
율적인 삶을 유지하기 위해 결혼조차 포기했습니다.

이 사람이 바로 그 유명한 철학자
임마누엘 칸트Immanuel Kant입니다.

칸트가 평생 탐구했던 주제는 '이성'이었습니다.
그는 인간에게 이성의 힘이 있다는 것을 놀라워했습니다.

"곰곰이 생각해볼수록 내 머리 위의 별이 반짝이는 하늘과
내 안의 도덕법칙은 더욱 새롭고, 큰 존경과 경외심으로
내 마음을 가득 채운다."

그가 말한 '내 안의 도덕법칙'이란 바깥에서 주어진 도덕법칙이
아니라 인간의 이성이 명하는 법칙을 의미합니다.

인간에게 이성의 놀라운 능력이 있다면,
그 능력을 어떻게 사용해야 할까요?

칸트는 〈계몽이란 무엇인가Was ist Aufklärung〉란
글에서 답을 제시했습니다.

그에게 계몽이란 '미성숙으로부터 벗어나는 일'입니다.
'미성숙'이란 무엇일까요? 이성의 능력은 갖고 있지만 제
대로 사용하지 못하는 것을 칸트는 '미성숙'이라 불렀습
니다. 미성숙의 원인은 이성이 없어서가 아니라, 이성을
사용할 결단과 용기가 없기 때문입니다.

어떻게 미성숙으로부터 벗어날 수 있을까요?
칸트는 말했습니다.

"사페레 아우데Sapere aude!"
"감히 생각하라!"
"너 자신의 이성을 사용할 용기를 가져라!"

칸트는 이성의 사용을 두 가지로 구분합니다.

첫 번째는 '이성의 사적 사용'입니다.
이성의 사적 사용은 '시민성과 공공성의 구현'을 목표로
합니다. 이성의 사적 사용은 사회 및 공동체가
존속할 수 있는 조건이 됩니다. 공동체의 이해와
관련된 질서 유지와 공공의 목적 달성을 위해 시민적
역할 수행을 동반하는 것이 이성의 사적 사용입니다.

두 번째는 '이성의 공적 사용'입니다.
이성의 공적 사용은 인류의 진보와 인간성 구현의 조건
으로 간주됩니다. '인류공동체의 한 구성원'
또는 '세계 시민사회의 한 구성원'이라면 누구나
이성을 공적으로 사용해야 한다고 그는 말했습니다.

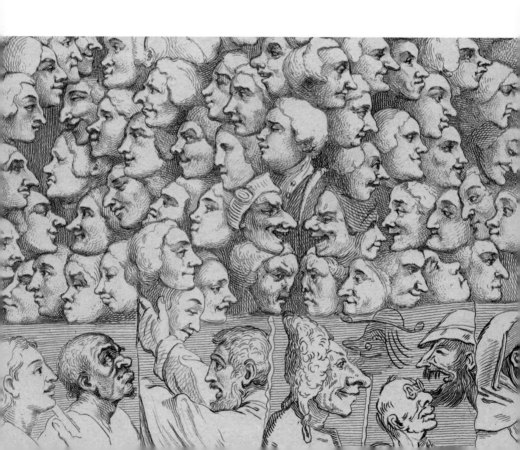

〈계몽이란 무엇인가〉에서
칸트의 답변이 전하는 궁극적 메시지는 무엇일까요?

"나는 누구인가?"
"나는 무엇인가?"

칸트에 따르면 '나'는 세 겹의 정체성을 갖는 존재입니다.
나는 '개인'이고, '인간'이며, 동시에 '시민'입니다.
이것을 근대적 정체성의 세 겹이라 할 수 있습니다.
'인간'과 '시민'은 자유롭고 평등한 '개인들'을 결집시키는
규범적 근거입니다.
각기 다른 개인들이 공유하는 '공통분모'인 셈이죠.

칸트는 이성의 능력에 관해
어떤 이야기를 하고 싶었던 것일까요?

'이성'은 개인, 인간, 시민이라는 근대적 정체성의
세 겹 또는 세 차원을 매개할 수 있는 정신 능력입니다.

근대적 정체성의 세 겹

| 개인 | 인간 | 시민 |

욕망은 세 차원 간의 분열과 갈등을 초래하지만,
이성은 이들 사이에 조화와 균형을 가져온다고
칸트는 생각했습니다.

프랑스 파리의 국립묘지 '판테온Panthéon'. 이곳에 계몽 시대의
싸움꾼이자 반항아, 철학자이자 작가였던 볼테르가 잠들어 있습니다.
그의 본명은 프랑수아 마리 아루에François-Marie Arouet였지만
무려 160개의 필명을 갖고 있었습니다.

볼테르란 이름도 그중 하나입니다.
우리는 이 이름이 18세기 유럽 계몽사상을 대표한다고
기억하고 있습니다.

프랑스 국민의회는 1791년 7월 볼테르의 무덤을
프랑스 위인들이 안장된 판테온으로 옮겼습니다.
볼테르 묘소에는 지금도 매일 수백 명의 참배객들이
방문하고, 파리에는 볼테르 카페도 있습니다.

볼테르는 어떤 인간이었고, 어떤 생각을 세상에 퍼뜨리고자
했기에 아직도 많은 사람이 그를 추모할까요?
그의 묘비에는 이렇게 적혀 있습니다.

"그는 무신론자들, 광신자들과 싸웠다. 그는 관용을 고취했고,
봉건제도의 예속에 대항하여 인간의 권리를 요구했다.
그는 시인, 역사가, 철학자로서 인간정신을 위대하게 하고
그 정신이 자유로워지는 것을 가르쳤다."

프랑스가 자랑하는
'톨레랑스tolérance'의 전통은
볼테르로부터 시작된 것입니다.
톨레랑스는 관용을 의미합니다.

볼테르는 시민계급 출신이었지만, 천재라는 이유로 상류사회의 햇볕을 즐겼습니다. 어느 귀족의 성에서 열린 만찬에 참석한 볼테르는 웅변과 재담을 늘어놓았습니다. "저렇게 큰 소리로 떠드는 젊은이는 누구지?" 한 귀족의 물음에 볼테르는 서슴지 않고 대답했습니다. "각하, 그는 위대한 가문은 아니지만, 그의 이름 때문에 존경을 받는 자입니다."

귀족에게 말대꾸하는 것 자체가 무례였고, 터무니없는 대답을 하는 것은 반역죄였습니다. 귀족은 폭력배를 고용해 볼테르를 습격하게 했습니다. 이때 한마디 주의를 주었다고 합니다.

> "그 녀석의 머리는 다치게 하지 말게.
> 그 머리에서 뭔가 좋은 것이 나올지도 몰라."

이탈리아에는 르네상스, 독일에는 종교개혁이 있고, 프랑스에는 볼테르가 있다고 말할 정도로 그의 영향력은 컸습니다. 추방당하고, 투옥되고, 거의 모든 저서가 교회와 국가에 의해 발행금지 처분을 당했음에도 불구하고 볼테르는 맹렬하게 진리를 위한 길을 열었습니다.

마침내 왕과 교황 그리고 황제조차도 그에게 추파를 보냈고,
그의 말에 왕좌조차도 흔들렸으며,
세계의 절반은 그의 말 한마디 한마디에 귀를 기울였습니다.

볼테르의 말을 들어봅시다.

"자신의 의견과 같지 않다는 이유로
자기 형제를 박해하는 사람은 괴물이다."

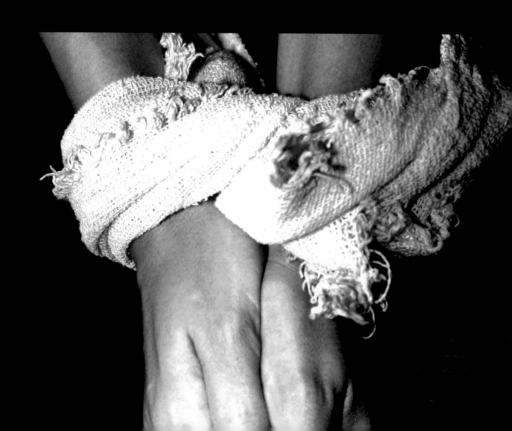

볼테르가 가장 중요하게 생각한 것은
이성적 판단에 따른 '관용'입니다.
관용은 무조건적인 용서나 이해가 아닙니다.
그것은 이성의 능력을 가진 사람이
서로에게 갖추어야 할 덕목입니다.

볼테르와 함께 18세기 계몽사상가들이 공유했던
관용의 정신.

그 정신의 밑바탕에는
인간 존엄성에 대한 깊은 이해가 자리 잡고 있습니다.

볼테르의 자유와 관용의 정신을 잘 보여주는 사례가 하나 있습니다.
1762년 프랑스 남부 툴루즈에서 한 청년이 목매달아 죽는
사건이 발생했습니다. 이 청년은 변호사가 되기 위해 노력했지만,
신교도라는 이유로 꿈이 좌절되자 자살하고 말았습니다.

그런데 그의 죽음을 둘러싸고
마을에는 이상한 소문이 떠돌았습니다.
아버지인 장 칼라스Jean Calas가 가톨릭으로 개종하려는
아들을 홧김에 죽였다는 것입니다.
관청에서는 정확한 조사도 없이
장 칼라스와 그의 가족을 체포하고, 혹독한 고문을 가합니다.

타살의 증거도 없었지만 재판관들은 칼라스에게
'거열형'이란 끔찍한 형벌을 선고합니다.
결국 칼라스는 수레바퀴에 사지가 묶여 갈기갈기 찢겨 죽게 됩니다.

> "
> ## 관용은 인간만이 지닌 덕목이다.
> "

이 소식을 들고 분개한 볼테르는 재판의 부당함을
조목조목 반박하고, 재심을 위한 투쟁에 들어갑니다.
3년간의 끈질긴 노력 끝에 무죄선고를 끌어냈습니다.
이 과정에서 그가 남긴 저서가 《관용론Traité sur la tolérance》입니다.

볼테르는 교회가 과학적 사실과 충돌하는 미신과 맹신을
강요해왔다고 비판했습니다. 그는 유럽의 기독교 종파들이
서로 미워하고 박해하는 야만적 폭력을 유발한 것은 미신과
맹신 때문이라고 보았습니다. 볼테르는 이성의 빛으로
미신과 맹신을 걷어내고 종파들이 서로 관용할 것을
촉구했습니다.

그가 보기에 가장 위험한 맹신은
"자신의 견해에 동의하지 않는다고 이웃을 미워하도록
가르치는 것"이었습니다.

볼테르에게 이성적 판단에 따른 관용은 포기할 수 없는
문명의 자산이었습니다.

프랑스 왕 루이 16세Louis XVI는 이렇게 말했습니다.
"나의 왕국을 무너뜨린 것은
볼테르와 루소 바로 그 두 놈이다."

사실 볼테르와 루소가 직접 프랑스혁명을 주도한 것은 아닙니다.
루이 16세가 그렇게 말한 까닭은 그들의 생각이
세상을 바꾸는 데 결정적 역할을 했기 때문입니다.

사상이 세상을 바꿀 수 있다는 것을 보여준 역사상
가장 대표적 사건이 계몽철학이고 계몽사상입니다.

계몽사상은 프랑스혁명에 영향을 주었지만,
역사가 반드시 계몽사상가들이 원하는 방향으로
진행된 것은 아닙니다.

불행히도 혁명은 무자비한 독재와 처형으로 이어지는 자코뱅파의 '공포정치'로 귀결되었습니다. 30만 명이 투옥되고 1만 7천여 명이 단두대에서 목이 잘려나갔습니다. 자유, 평등, 우애를 상징하는 삼색 깃발의 의미도 무색해졌습니다. 혁명의 이상을 땅바닥에 떨어뜨린 공포정치와 혁명의 실패. 그 실패와 함께 혁명의 바탕이 된 계몽사상도 죽었을까요?

혁명은 실패했으나 계몽의 정신마저 소멸된 것은 아니었습니다. 좌절과 절망 속에서도 여전히 계몽에 의한 인간의 무한한 진보를 확신한 사람이 있었습니다. 프랑스 최후의 계몽사상가 콩도르세입니다.

1793년 자코뱅파의 '정적'으로 지목된 콩도르세에게 체포령이 떨어집니다. 콩도르세는 파리 구시가의 한 하숙집으로 피신합니다. 1794년 도피처가 발각되자 그는 도망치다 잡혀 시골 감방에서 생을 마감합니다.

8개월간의 도피생활 중에 콩도르세는《인간정신의 진보에 관한 역사적 개요Esquisse d'un tableau historique des progrès de l'esprit humain》를 집필합니다. 아무런 책도 참고자료도 없이, 오로지 냉철한 이성과 기억력만으로 써내려간 저술입니다.

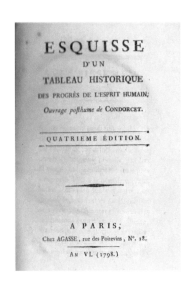

콩도르세가 남긴 저작은 인간정신과 의지의 놀라운 성과물이었습니다. 그는 절망적 상황에서도 미래에 대한 낙관을 포기하지 않았습니다. 인간이 자기 힘으로 스스로를 바꾸고, 사회와 역사도 바꾸어나갈 것이라는 낙관적 확신은 계몽사상가들의 특징이기도 합니다.

"인간은 이성의 힘으로 완전해질 수 있다. 사회도 합리적 재편이 가능하다. 그러면 범죄, 빈곤, 독재는 사라지고 감옥에는 죄수가 한 명도 없게 된다." 이는 콩도르세의 저작 밑바닥에 깔려 있는 서양 '진보' 관념의 핵심 아이디어입니다.

뉴턴의 영향을 받은 콩도르세는 근대 과학의 방법이 인간사회의
합리적 운영에 필요한 원칙을 제공할 것이라 확신했습니다.
그는 이성을 통해 편견과 미신을 타파하고, 과학적 원리를
토대로 새로운 사회를 건설할 수 있다고 믿었습니다.

인류의 진보와 이성에 대한 확고한 믿음.
이것이 콩도르세로 하여금 현실의 고통과 모순을
똑바로 응시하게 했습니다.
콩도르세는 세 가지 근본적 문제점을 제기합니다.

'부의 불평등, 조건의 불평등, 교육의 불평등'

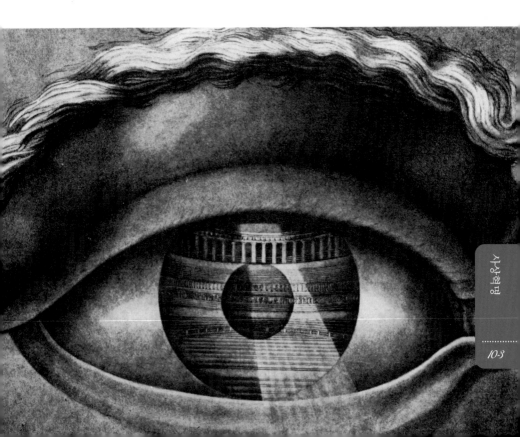

콩도르세는 이런 불평등을 해결하기 위해 무엇보다 '교육의 평등화'가 급선무라 생각했습니다. 훌륭한 법이 사회적 불평등을 치유할 수 있는 것처럼, 좋은 교육이야말로 인간 능력의 자연적 불균등을 해소할 수 있다고 생각했습니다.

평등이 가능해진 사회에서는 자유가 더 확대되고, 사회제도의 개선은 인간의 보편적 권리를 약속합니다. 콩도르세가 믿었던 진보란 바로 '인간성의 완성'이자, 동시에 '인간 행복의 완성'을 의미합니다.

"
교육이 평등해지면, 재산의 평등도 커진다.
"

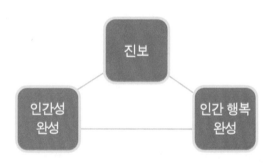

진보

인간성
완성

인간 행복
완성

독일 시인 하인리히 하이네Heinrich Heine는 경고했습니다. 어느 교수의 조용한 연구실에서 만들어진 철학 개념들이 문명을 파괴시킬 수도 있다고 말입니다. 계몽이성은 로베스피에르Robespierre의 손에서 피에 젖은 무기로 돌변하기도 했습니다.

혁명을 좌절시킨 테러는
계몽이성 속에 내재해 있었던 것일까요?
이성을 내세우는 급진 진보가
흔히 실패하는 이유는 무엇일까요?

이성의 과잉은 폭력을 불러온다고 사람들은 지적합니다. 영국 작가 길버트 키스 체스터턴Gilbert Keith Chesterton은 말했지요. "이성의 능력 외에 다른 모든 능력을 상실한 인간이 바로 광인이다."

"
평등이 가능해진 사회에서는 자유도 확대된다.
"

그러나 이성의 힘이 아니면 문명은 아무것도 성취하지 못한다고 알베르트 슈바이처Albert Schweitzer는 말했습니다. 20세기 프랑크푸르트 출신의 비판철학자 막스 호르크하이머Max Horkheimer는 "이성이 입힌 상처는 오직 이성의 손으로만 치유할 수 있다"는 유명한 말을 남깁니다.

프랑스혁명은 아주 실패한 것이 아닙니다. 계몽사상도 쇠퇴한 것이 아닙니다. 계몽의 유산은 아직도 살아 있습니다. 지금의 프랑스를 있게 한 것은 계몽정신과 사상의 연면한 힘입니다. 미국혁명의 정신적 뿌리도 계몽사상입니다. 우리는 아직도 계몽의 아이들입니다.

계몽사상의 무엇이 지금도
사람을 움직이는 걸까요?
계몽이 남긴 유산과 자산은 무엇일까요?

자유, 평등, 관용, 인권, 정의, 비판정신, 인류애
이러한 계몽의 유산 목록은 지금의 세계는 물론
미래에도 인류 전체가 나누어 가질 만한
'문명의 보편적 자산'입니다.

계몽사상가들은 인간의 정신이 무엇을 성취할 수 있는지 보여주었습니다. 이 점을 깊이 통찰했던 영국 사상가 이사야 벌린Isaiah Berlin은 말했습니다.

"18세기 가장 재능 있는 사상들이 지녔던 지성, 정직성, 명석함, 용기 그리고 진리에 대한 사심 없는 사랑은 오늘날에도 필적할 만한 것이 없다. 계몽사상은 인류의 전 역사에서 가장 훌륭하고 가장 희망적인 사건이었다."

하버드대학교 진화심리학자 스티븐 핑커Steven Pinker는 지난 수천 년의 문명사를 훑어보고, 인간 세계에서 폭력의 빈도와 강도가 현저히 감소했다는 주장을 내놓았습니다. 폭력이 감소한 것은 '인간 본성 속의 더 나은 천사'가 인간성의 나쁜 부분을 누르고 인간의 행동 방식을 바꿔왔기 때문이라는 것입니다.

무엇이 이런 변화를 초래했을까요?
핑커는 폭력 감소의 이유를 인간 감성의 변화, 제도와 법률,
이성의 확장 같은 '문화' 차원에서 구하고 있습니다.
그는 특히 계몽주의가 폭력을 줄이는 데 크게 기여한
'인도주의혁명'이었다 말합니다.

중세 교회와 절대왕정은 질서에 도전하는 자들을 사지 절단, 화형 같은 끔찍한 처벌로 응징했지만, 18세기 들어 고문 폐지가 대세가 됐다는 것입니다. 인류가 지금껏 찾아낸 최선의 폭력 제어 장치는 자유언론, 법치, 관용 같은 민주주의제도이며, 폭력을 최소화하기 위해 이를 더욱 강화해야 한다고 핑커는 주장합니다.

1784년 칸트는
"우리는 지금 계몽된 시대에 살고 있는가?"
라고 물었습니다.

미성숙으로부터의 탈출은 끝났을까요?
아직도 우리는 이성의 세계 너머 무지와 몽매, 폭력,
불관용과 미성숙이 지배하는
어둡고 황폐한 사막에서 헤매고 있는 것은 아닐까요?

계몽은 여전히 현재진행형입니다.
근대 계몽의 이상은 지금도 인류의 이상입니다.

독일 철학자 위르겐 하버마스Jürgen Habermas가 말했듯,

계몽은 우리에게
아직 '미완의 과제'입니다.

계몽사상의 유산을 배우면서
'나'는
어떤 생각을 할 수 있을까요?
무엇을 실천할 수 있을까요?
무엇을 희망할 수 있을까요?

"사페레 아우데!"
나는 내 머리로 생각하고 판단하고
실천할 수 있을까요?

03

정치혁명

민주주의, 인권, 헌법의 발명

민주주의는 손쉽게 성취된 것이 아니다. 그 장치들 하나하나에는 그것을 이루어내기 위해 바쳐진 투쟁과 희생의 선명한 핏자국이 묻어 있다. 민주주의는 근대 문명이 그 이전 문명과 사회가 풀지 못했던 정치사회적 문제, 딜레마, 난국을 타개하기 위해 시도한 힘겨운 '돌파'의 성과이다. 그 돌파를 우리는 근대 세계의 '정치혁명'이라 부른다.

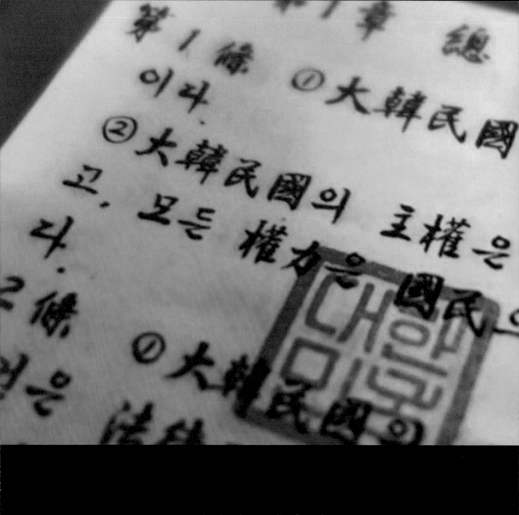

대한민국헌법 제1조

민주주의 Democracy
demos 인민 + kratos 주권

인민이 주권을 가지는 정치체제

그러나 20세기 초까지 한국인 대부분은
민주주의라는 말조차 들어보지 못했다.

중국인도 그랬다.

1911년 중국 쑨원孫文이 일으킨

신해혁명.

청제국을 뒤엎고 중화민국을 세우다.

이는 아시아 최초로 시도된 민주주의였다.

1910년대 망명지 상해에서 한국 독립운동가들이 고민했던 문제.

"국권을 되찾으면 어떤 나라를 세울 것인가?"

왕조의 복구인가, 민주주의국가인가….

"민주주의로 가야 한다!"

1919년 상해임시정부는 최초의 근대적 헌법을 공표한다.
'제1조 대한민국은 민주공화국이다.'

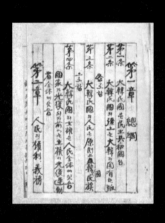

대한제국에서 대한민국으로,
신민臣民에서 국민國民으로
명칭이 바뀌었다.

1948년 대한민국은 탄생했고,
상해임시정부 헌법을 계승했다.

한반도에 민주공화국이 수립된 지 이제 겨우 60여 년.
한국 민주주의의 길은 험난하기만 했다.

1960년 이후 30년 넘게
계속된 민주화 투쟁.

1960년 4·19혁명
1979년 10월 부마항쟁
1980년 5월 광주항쟁
1987년 6월 민주항쟁

세계 어디에서도
민주주의는
공짜로 오지 않았다.

왕들의
목이 떨어지고,
많은 사람들이
목숨을 잃었다.

1642년 영국 청교도혁명

절대권력을 휘두르던
왕의 목을 베다.

1789년 프랑스대혁명

루이 16세를 단두대에 세우다.

17~18세기 유럽
'절대왕정 시대'
"왕의 권력은 신에게서 받은 것이다."

성직자와 귀족들이 특권을 가지고,
가톨릭교회가 지배하는 철저한 봉건 신분사회였다.

"왕은 지상에서 신의 대리인이다.
왕권에는 제한이 없다."

─영국 왕 제임스 1세James I

"모든 신민이 왕에게 무조건 복종하는
것만이 신이 원하는 바이다."

—프랑스 왕 루이 14세Louis XIV

한 세기 반에 걸친 봉기, 반란, 혁명은
'근대 민주주의의 탄생'을
가져왔다.

모든 인간은 자유롭고 평등하게 태어난다.
모든 사람의 자유와 평등을 보장하는 권력만이 정당하다.

모든 권력은 국민으로부터 나온다.
모든 사람은 누구에게도 양도할 수 없는
기본적 권리들을 가진다.

인권의 발명
헌법의 발명
민주주의의 발명

근대 정치혁명이 남긴 문명의 유산이다.

미국의 상징인 자유의 여신상은 1886년 미국 독립 100주년을 기념하여
프랑스가 선물한 것입니다. 자유의 여신상은 왼팔에 독립선언서를 끼고
있고, 오른손으로는 횃불을 높이 치켜들고 있습니다.

그리고 자유의 여신상 기단에는
한 편의 시가 새겨져 있습니다.

"지치고 가난한 자들,
자유롭게 숨 쉬고 싶어 하는 자들
모두 내게로 보내라."

1903년 자유의 여신상
기단을 세우기 위한 모금을
독려하고자 시인 엠마 라자루
스Emma Lazarus가 기부한
시입니다. 라자루스는 자유의
여신을 '망명자의 어머니'라
불렀습니다.

미국은 구대륙에서
차별받고 배척받던
사람들이 건너와서
세운 나라입니다.
그들은 종교적 자유와
시민적 자유를 찾아
이곳으로 왔습니다.

대규모 이주가 시작된 1840년부터 1860년 사이에
매년 약 5백만 명의 유럽인이 대서양을 건넜습니다.

그 많은 사람이 왜 미국으로 몰려들었을까요?
구대륙 유럽에서는 살 수가 없었기 때문입니다.

베르사유 궁전은 1789년 대혁명 이전까지 프랑스 절대왕정의 상징이었습니다. 이 궁전을 짓기 위해 루이 14세는 연평균 2만 5천 명의 인부와 매일 말 6천 마리를 동원했습니다. 그렇게 완공된 베르사유 궁전에는 450개의 방이 있었고, 5천 명이 거주할 수 있었습니다. 매년 궁전 유지에 소요된 비용은 국가 전체 예산의 10%가 넘었습니다.

루이 14세는 궁전 공사비를 충당하고,
화려한 생활을 유지하기 위해 평민들의 세금 부담을
두 배로 늘렸습니다.

그뿐만 아니라 네덜란드, 스페인, 영국, 오스트리아 등 주변국을
상대로 한 전쟁에 평민 남자 수십만 명을 강제 동원했습니다. 그
수는 성직자와 귀족을 모두 합친 것보다 많았습니다.

전쟁이 길어질수록 귀족과 성직자는 부유해진 반면,
국가재정은 취약해지고 평민들의 삶은
점점 더 피폐해졌습니다.
1709년 1월, 한 달 동안 11만 5천여 명이
기근과 전염병으로 사망했습니다.

루이 14세는 무려 72년 동안 절대군주로 군림했습니다.
백성들은 왕의 명령에 따라 재판 없이
구금되거나 죽음을 당하기도 했습니다.
그들에게는 자기 목숨을 부지할 권리조차 없었습니다.

정치란 '사람들이 함께 모여 사는 기술'입니다.

사람들이 모여 사는 곳이면 어디든 정치가 필요합니다.

정치는 인간만이 가진 기술입니다.
인간만이 공동체의 질서를
스스로 만들거나 바꿀 수 있습니다.

근대 이전까지 동서양을 막론하고 일반적인 정치질서는 한 사람이 통치하는 군주제였습니다. 군주의 권력은 종교를 통해 정당화되었습니다. 왕의 권력은 신이 준 것으로 여겨졌고, 백성은 그 신성권력에 복종해야 했습니다. 동양의 전통사회에서도 왕의 권력은 하늘이 내려준 것으로 여겨졌습니다.

17세기 유럽의 정치사상가들은
기존 정치질서에 과감히 도전하기 시작합니다.

신이 아니라 인간 스스로 정치질서를 만들 순 없을까?

왕, 성직자, 귀족이 아닌 평민들의 권리를 보장하는
정치체제는 불가능한가?

어떻게 하면 모든 사람이 평등하고
자유로운 정치공동체를 만들 수 있을까?

정치사상가들은 우선 '자연 상태'라는 것을 가정했습니다. 자연 상태는 인간이 만든 법이나 규범, 사회제도가 없는 상태입니다. 이 상태에서 모든 사람은 자유롭고 평등합니다. 누구나 자신이 원하는 것을 획득할 수 있고, 자신의 행복과 이익을 추구할 수도 있습니다.

자연 상태 State of Nature

자연 상태에서
모든 인간은 자유롭고 평등하게 태어납니다.

이것이 '자연권'사상입니다.

자연이 준 자유와 평등의 권리는 자명한 것이며,
누구도 빼앗을 수 없는 권리라는 것이 자연권사상입니다.

자연권 Natural Rights

에이브러햄 링컨Abraham Lincoln은 유명한 게티즈버그 연설에서

"미국은 모든 사람은 평등하게 태어났다는
명제에 봉헌된 나라"라고 말했습니다.

링컨은 미국 건국의 정치철학적,
도덕적 기초가 자연권사상이라는 것을 확인해주고 있습니다.

그런데 질문이 있습니다.
사람들은 왜 자유롭고 평등한 자연 상태를 버리고
정치공동체를 만들게 되었을까요?

자연 상태에서 모든 개인은 무제한의 자유를 누릴 수 있습니다.
그러나 인간이 얻을 수 있는 재화는 한정되어 있습니다. 인간의
욕망은 무한하지만 가질 수 있는 재화는 한정되어 있기 때문에
사람들은 서로 대립하고 싸우게 됩니다.

토머스 홉스Thomas Hobbes가

'만인의 만인에 대한 투쟁'이라든가
'인간은 인간에게 늑대다'라고 말한 것은

바로 그 자연 상태에서의 무질서를 가리킨 겁니다.

이 상태에서는 생명과 자유가 위태로워지고, 재산을 지키기도 힘
듭니다. 그래서 사람들은 무질서에 대한 공포로부터 벗어나 안전
과 평화를 위해 그리고 자신의 생명, 자유, 재산을 보호받기 위해
정치공동체로 이행하게 됩니다.

함께 모여 사는 기술인 '정치'가
필요하게 된 것이지요.

그러나 정치공동체에는 법과 질서가 필요합니다. 법과 질서를 만들고 지키기 위해 사람들은 자연 상태에서 누리던 권리의 일부 또는 전부를 국가나 공동체에 양도하지 않으면 안 됩니다. 이것이 사회계약입니다.

여기서 또 한 가지 질문이 제기됩니다. 사회계약으로 내 권리의 일부 또는 전부를 정치공동체에 넘겨야 한다면 자연으로부터 받은 나의 자유권과 평등권은 어찌 되는가? 아무도 빼앗을 수 없는 나의 자연권을 국가나 정치공동체가 빼앗아가는 것이 아닌가?

정치공동체에서 내 자유가 제약될 수밖에 없다면 개인의 자유와 공동체의 질서는 어떻게 양립할 수 있는가? 질서를 위해 자유를 희생해야 하는가? 어떤 조건이 갖추어져야 나는 내 자유의 제한을 받아들일 수 있을 것인가?

이러한 질문에 첫 번째 해결책을 들고 나온 사람은 영국의 존 로크John Locke였습니다. 로크가 내놓은 해결책은 '콘센트Consent' 곧 '동의의 조건' 입니다. 계약에는 조건이 필요합니다.

나는 국가가 나의 안전과 자유, 생명과 재산을 보호한다는 조건으로 내 권리의 일부 또는 전부를 국가에 양도할 것에 동의한다. 이것이 '동의의 조건'입니다.

이렇게 되면 개인의 권리는 부당하게 침해받는 일이 없고, 국가는 개인들의 안전, 생명, 재산을 보호할 책임을 지게 됩니다. 이것이 로크가 생각한 사회계약입니다.

이런 자발적 동의의 계약에 따라 정부를 구성하고, 정부의 법에 복종하기로 하는 것은 내 자유를 침해받는 일이 아니라고 로크는 주장했습니다. 로크가 이런 해결책을 내놓을 수 있었던 바탕에는 그가 직접 겪은 아메리카 식민지에서의 경험이 있습니다.

1620년 11월 21일 아메리카 뉴잉글랜드 해안에 조그만 범선 한 척이 도착합니다. 영국 플리머스항을 떠난 지 꼬박 두 달 만이었습니다. 메이플라워라는 이름이 새겨진 그 배에는 종교적 박해를 피해 영국을 떠난 청교도 가족 102명이 타고 있었습니다. 그들은 육지에 내리기 직전 중요한 계약을 맺습니다.

"질서 수립과 보존을 위하여 상호 간에 계약을 체결하고 시민적 정치공동체로 결속한다. 이에 기초하여 식민지의 일반적 복지를 위하여 가장 적합하다고 생각되는 정의롭고, 공평한 법률과 관직을 수시로 제정하고 조직하기로 한다." —메이플라워 서약(1620년)

미국인들 스스로가 선조라고 여기는 사람들이 바로 이들입니다. 그들은 이처럼 계약을 통해 자율적인 정치공동체를 수립하는 전통을 만들었습니다. 그리고 이 전통은 아메리카 식민지 전체로 확산되었습니다.

로크가 본 17세기 초의 아메리카는 세상에 실제로 존재하는 자연 상태였고, 메이플라워 서약은 개인들이 맺은 최초의 사회계약이었습니다.

로크에게 사회계약의 가장 중요한 조건은 재산권의 보호였습니다. 개인들은 자신의 생명, 자유, 재산을 보호받기 위해 정부를 구성하고 그에 복종하기로 동의합니다. 만약 정부가 개인들의 재산권을 보호하지 못한다면 사람들은 동의를 철회하고 정부에 저항할 수도 있습니다.

18세기 프랑스 철학자
장 자크 루소는 또 다른 해결책을 제시했습니다.
그것은 '참여의 권리와 의무'입니다.

루소는 스위스 제네바에서 태어나 어린 시절을 보냈습니다. 당시 제네바는 고대 그리스의 직접민주주의 방식으로 운영되고 있었습니다.

이런 경험을 바탕으로 루소는 민주적인 정치공동체를 만들고 유지하기 위해서는 '동의'뿐만 아니라 '참여'도 필요하다고 생각했습니다. 참여란 스스로 공동체를 만들어가기 위한 적극적 행위이며, 공동체를 만드는 사람들의 권리이자 의무입니다.

루소는 공동체 구성원들이 모두 참여해서 만들어가는 공동의 의지를 '일반의지'라고 불렀습니다. 개인들은 일반의지를 형성하는 데 참여함으로써 정치공동체를 구성하는 불가분의 성원이 됩니다.

참여의 권리와 의무 Participation

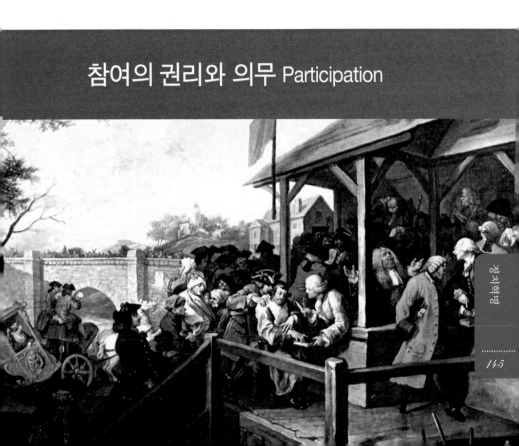

루소에게 내가 복종하는 대상은 권력을 가진 누군가가 아니라, 일반의지에 반영된 나 자신의 의지입니다. 만약 정치공동체가 일반의지에 따르지 않거나 내가 참여할 수 없다면, 그것은 정당한 권력이나 질서가 아닙니다.

이렇게 해서 국가가 무엇이며, 무엇이어야 하는가에 대한 근대적인 원칙들이 마련됩니다. 동의와 참여는 민주주의국가의 기본원칙입니다. 국민은 각자의 안전과 자유를 보장받기 위해 국가와 법을 세우는 데 동의하고 참여합니다. 대신 국가는 국민의 안전과 자유를 보장하는 책임을 지게 됩니다.

동의와 참여는 근대적 시민성citizenship과 시민의 정체성을
정의하는 핵심 원리이기도 합니다.

국민이 동의하고 참여해서 만든
민주국가의 기본법이 헌법입니다. 근대 헌법은
'사회계약'이라는 아이디어가 현실에서 구현된 것입니다.

로크와 루소의 사상은 미국과 프랑스에서 일어난
정치혁명에 깊은 영향을 주었습니다.

미국은 1774년에 독립을 선언하고 세계 최초로
민주공화국을 세웁니다.

하지만 그 과정은 결코 평탄치 않았습니다. 미국인들은 독립과 자유를 쟁취하기 위해 대영제국을 상대로 8년간 전쟁을 벌여야 했습니다. 이 전쟁에서 총 5만 명이 전사하거나 부상을 입었습니다. 그들이 피 흘려 지키려 했던 가치는 독립선언서에 명확하게 표현되어 있습니다.

"모든 사람은 평등하게 태어났으며
생명, 자유, 행복을 추구할 권리가 있다.
인류는 이 권리를 확보하기 위해 정부를 조직했으며,
정부의 정당한 권력은 인민의 동의로부터 나온다."

— 미국 독립선언문(1776년)

미국
세계 최초의 민주공화국 수립

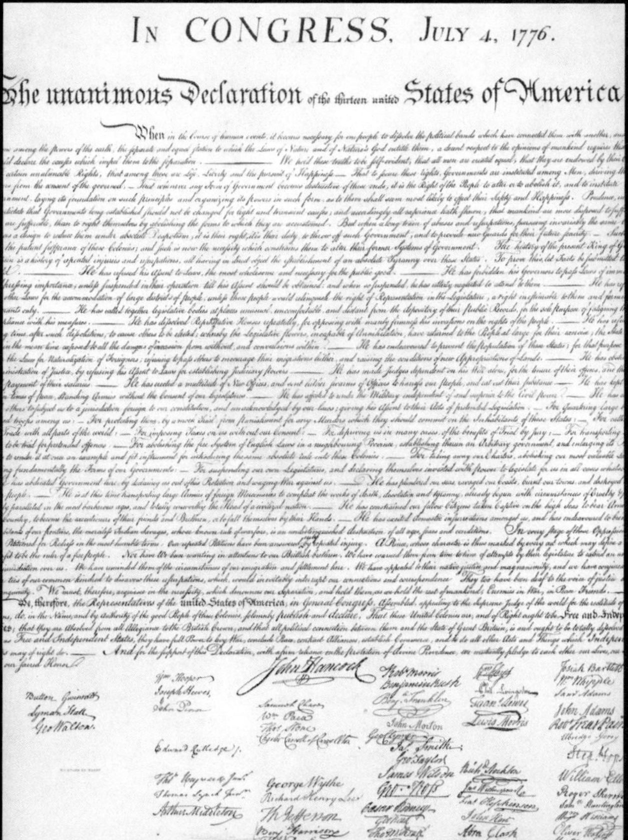
IN CONGRESS, JULY 4, 1776.

The unanimous Declaration of the thirteen united States of America

건국 초기의 미국 지도자들은 자유와 평등이 보장되는 정치질서가 현실에서 어떻게 구현될 수 있을지 고심했습니다. 구대륙에서처럼 절대권력이 출현하지 못하도록 막는 것이 가장 어려운 문제였습니다.

고심의 결과로 나온 것이 권력 분립, 견제와 균형의 원칙입니다. 제임스 매디슨James Madison은 민주공화국이란 견제와 균형을 통해 모든 이해관계를 조정하는 정치체제라고 이해했습니다. 권력 분립, 견제와 균형의 원칙은 오늘날까지 민주주의를 구성하는 데 중요한 또 하나의 요소가 되었습니다.

링컨의 게티즈버그 연설은 민주주의의 정신이
무엇인지 다시 한 번 분명하게 알려줍니다.

"우리의 임무는
인민의, 인민에 의한, 인민을 위한 정부가
지구상에서 사라지지 않도록 하는 것입니다."

미국의 독립혁명은 곧바로 대서양 너머 프랑스에도 영향을 주었습니다. 프랑스 왕실은 미국 독립전쟁을 지원하면서 지출한 과도한 군사비로 심각한 재정 위기에 빠집니다.

루이 16세는 재정 위기를 해결하기 위해 가난한 평민들에게 더 많은 세금을 부과합니다. 반면에 평민들은 미국 독립의 영향으로 자유와 평등의식이 고취되었고, 새로운 세상을 만들 수 있다 확신하게 됩니다.

1789년 7월 14일,
불평등과 굶주림에 시달리던
파리 민중의 불만이 폭발했습니다.
그들은 무기를 들고 전제정치의 상징이던
바스티유감옥을 습격했습니다.
이것이 프랑스혁명의 시발점입니다.

1789년 프랑스대혁명

이 혁명이 추구한 가치가
〈인간과 시민의 권리선언〉에 간명하게 표현되어 있습니다.

"모든 인간은 자유롭고 평등한 권리를 갖고 태어난다.
모든 주권의 근원은 본질적으로 국민이다."

프랑스혁명을 통해
인권과 시민권, 인민주권, 자연권의
수호자로서의 정부와 같은 근대적 생각들이
유럽 전역으로 확산되었습니다.

그러나 미국과 프랑스혁명 이후에도 시민의 범위는 매우 제한적
이었습니다. 정치에 참여할 수 있는 권리는 '일정한 재산을 소유
한 성인 남자'에게만 부여되었습니다.

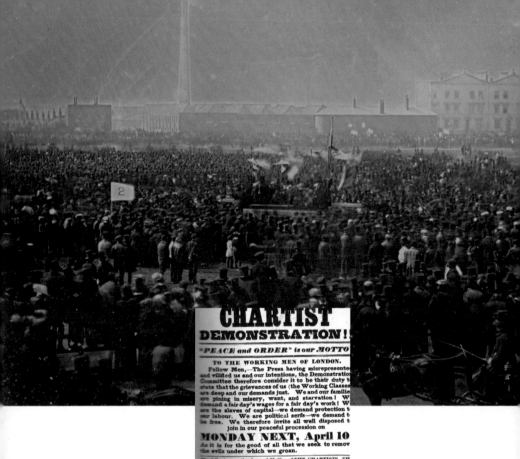

이후의 정치역사는
가난한 자들, 여성들, 흑인들이
시민의 권리를 획득해나가는 과정이었습니다.
영국의 차티스트 운동(1838~1848)과
프랑스의 1848년 혁명을 거치면서
선거권이 점차 모든 성인 남성으로 확대되었습니다.

여성은 언제부터 정치에 참여할 수 있게 되었을까요? 여성 참정권 운동은 18세기 말부터 줄기차게 이루어졌지만, 모든 여성이 참정권을 가지게 된 것은 훨씬 나중의 일입니다. 뉴질랜드가 1893년 세계 최초로 모든 성인 여성들에게 선거권을 주었습니다. 대부분의 국가들은 20세기 초중반에야 비로소 제한 없는 여성 참정권을 인정했습니다.

21세기에 들어와서도 세계 각지에서 민주화 혁명이 계속되고 있습니다. 수십 년간 독재에 시달리던 북아프리카 튀니지와 이집트에서 민주혁명이 일어났습니다. 아시아의 여러 나라에서도 민주화 운동이 계속되고 있습니다.

민주주의는 한번 세워졌다고 저절로 유지되는 것이 아닙니다.
그것을 지키고 발전시키기 위해서는 끊임없는 노력이 필요합니다.

오늘날 민주주의는 여러 가지 문제점을 안고 있습니다.
선거가 반드시 독재를 막아내는 것은 아닙니다.
독일의 아돌프 히틀러Adolf Hitler는 국민투표를 통해
총통이라는 막강한 권력을 획득했습니다.

민주적 절차를 통해 만들어진 권력이라 해도
언제든 부패할 수 있습니다.
민주주의는 아무리 중요한 일이라도
'국민 다수가 동의하지 않으면' 실행할 수 없다는
한계를 갖고 있습니다.

증세를 통한 복지의 확대, 에너지 생산과 소비에 관한 정책, 환경보호 정책이나 기후온난화 방지 정책 같은 분야들이 대표적 사례입니다. 또한 다수결의 원칙은 순응주의를 키우고 다수의 횡포와 소수에 대한 억압을 초래할 가능성이 있습니다.

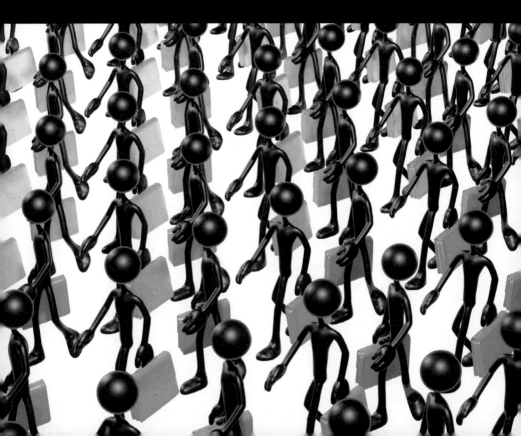

최근에는 민주주의가 약화되고 있다는 우려가 많습니다. 시장의 과도한 자유가 공공성을 희생시키고 시민의 자유를 침해하는 사례가 많습니다. 공공의 의지를 담아내야 할 정부가 시장의 힘에 굴복하기도 합니다. 다수의 시민들이 참여의 권리와 책임을 자주 외면합니다. 민주주의로는 경제적 불평등을 해소하기에 역부족이라는 한계도 지적되고 있습니다.

'우리가 사는 세계'의 정치적 토대는
민주주의입니다.
민주주의는 자유, 평등, 정의를
유지하고 인간의 존엄성을 보장하며
인간성을 실현하는 데 기여합니다.

그러나 성숙한 '시민'이 없다면 민주주의도 없습니다.
민주주의를 지키는 것은 시민의 가장 중요한 책무입니다.

시민이 갖춰야 할 능력과 덕목은 무엇일까요? 시민에게는 자율성, 책임감, 비판적 사고력, 관용의 정신이 필요합니다. 내가 내 머리로 생각하고 판단할 수 있는 독립적 사고와 실천의 능력이 자율성입니다. 책임감이란 내가 누리는 자유의 결과에 대한 책임일 뿐만 아니라, 공적 이익과 사적 이익 사이에서 균형을 이루는 책임입니다. 비판적 사고력은 순응주의와 포퓰리즘을 경계하며 맹종을 거부하는 능력입니다. 관용은 나와 다른 생각과 의견을 가진 사람들의 주장을 경청하고, 그들이 그렇게 주장할 수 있는 자유와 권리를 존중하는 태도입니다.

공동체의 일원이라면 누구나
"우리는 어떤 방식으로 함께 모여 살 것인가",
"우리는 어떤 사회를 만들 것인가"라는 질문을
늘 생각하고 그 물음에 응답해야 할
책임이 있습니다.

04

경제혁명

교환의 원리

근대 문명은 이익과 부의 추구를 존중하고 이런 활동의 공간인 시장을 정당한 사회제도로 인정했다. 산업혁명은 전통적 삶의 터전을 파괴하며 인간에게 고통을 안겨준 동시에 물질적 삶을 개선하는 데 기여했다. 시장경제제도는 이런 산업혁명이 단발성으로 머물지 않고 지속적 효과를 내는 강력한 원동력이 되게 함으로써 생산력을 전대미문의 수준으로 끌어올렸다.

18세기 영국

왕실의 부는 넘쳐났지만
국민은 빈곤과 궁핍에 시달렸다.

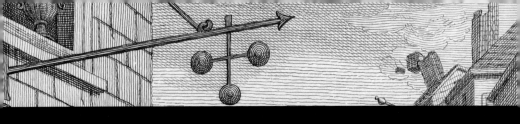

수많은 아이들이 길에 버려지고

왕실 창고에 쌓인 **금덩어리만이**
국가의 부로 간주되었다.

당시 왕의 관심사

'어떻게 하면 왕실의 부를 늘릴 수 있을까?'
'어떻게 상업의 주도권을 왕이 가질 수 있을까?'

왕권과 결탁한 중상주의 신흥계급의 관심사

'어떻게 상업의 이권을 상인이 독점할 수 있을까?'
'가난한 사람들을 어떻게 가난한 상태로 묶어둘 수 있을까?'

산업혁명 이전 1750년의 영국

1인당 평균 소득 250달러
남성 기대 수명 31세
여성 기대 수명 33세
유아사망률 65%

'국민을 빈곤과 비참에서 해방시킬 방법이 없을까?'
'생산을 늘리고 사회의 부를 창출할 방법이 없을까?'

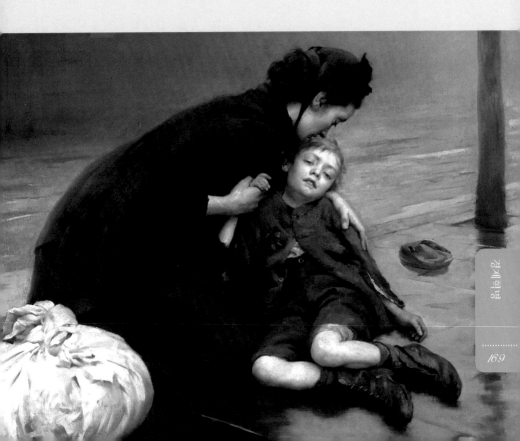

1776년 세상에 나온 한 권의 책

《국부론An Inquiry into the Nature and Causes of the Wealth of Nations》
국가 부의 원천과 기원에 대한 탐구

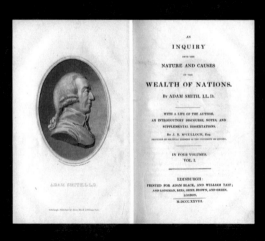

스코틀랜드 출신 계몽주의자이자
글래스고대학의 도덕철학 교수,
애덤 스미스Adam Smith의 책.

스미스는 주장했다.
"생산을 획기적으로 늘릴 방법이 있다."
"나라의 부를 증대시킬 방법이 있다."
"국민을 빈곤에서 탈출시킬 방법이 있다."

경계학법

어떻게?

그가 내놓은 세 가지 아이디어

분업division of labour
교환exchange
자유로운 시장free market

"분업은 생산을 증대시킨다."

"교환은 인간의 본성적 활동이다.
공정한 경쟁과 교환을 통한
이익 추구는 부도덕하지 않다."

"시장에서 자유롭고 공정한 거래가 이루어지면
교역과 유통은 늘어나고,
사람들은 잘살게 될 것이다."

"국민 대다수가 빈곤과 비참에 시달리는 사회는
결코 번영할 수 없고 행복해질 수 없다.
빈민, 부랑자, 고아들을 구금할 것이 아니라 자유를 주라.
모든 사람이 자신에게 이익이 되는
일을 하도록 내버려두라."

개인의 자유로운 이익 추구는
사회의 이익을 확대하고,
사람들 사이의 협력을 증진시킨다.

모든 사람이 이익의 냄새를 따라 행동하는데도
사회적 협력이 일어나고,
공정한 사회질서가 유지될 수 있을까?

스미스의 대답

"자유로운 시장체제는 이기적 본성을 가진
개인들이 자발적으로 협동하도록 조정한다.
인간은 사회약자를 배려하는
선의와 공감의 본성도 갖고 있다."

스미스는 옳았을까?

19세기부터 가파르게 상승한 영국의 생산량
평균 영양 상태 개선, 평균 신장률 증가
기대 수명 증가, 사산율 감소

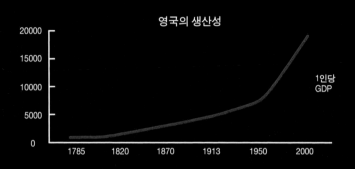

영국의 생산성

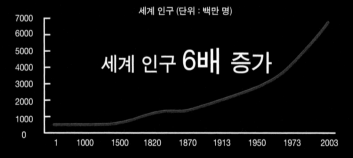

세계 인구 (단위 : 백만 명)

세계 인구 6배 증가

산업혁명 이후 200년간 세계 인구 6배 증가
세계 인구 1인당 평균 소득 9배 증가
세계 총 생산 50배 증가

한 대의 아이폰을 만드는 데
필요한 부품 협력업체는 17개 국가의 156개 회사이다.

손 안에서 펼쳐지는 지구 곳곳의 정보와 지식
국제적 노동분업과 생산물의 교환
국경을 가리지 않는 자원의 순환
자유시장

한 시대의 모순을 풀고자 한 애덤 스미스
그의 아이디어에서 촉발되어
세계의 경제적 삶을 바꿔놓은 시장경제의 출발

빈곤으로부터 해방
보편적 부의 창출
인간과 사회의 생존을 확보하려는
또 하나의 근대 혁명
경제혁명의 시작

경제혁명

빈곤과 결핍에 시달리지 않는
삶은 불가능할까요?
자원 부족과 생존경쟁에서
해방된 삶은 불가능할까요?

이것은 경제학이 문학이나 종교의
'낙원 이야기'와 공유하는 꿈입니다.
에덴동산 이야기는 결핍도 빈곤도 없는 삶을
그린 대표적 낙원 서사입니다.

인간이 쓸 수 있는 자원은 제한되어 있고, 인간의 욕망은 무한합니다. 자원의 유한성은 자원 부족 때문만은 아닙니다. 인간이 자연으로부터 더 많은 자원을 끌어낼 힘을 갖게 되면 인간의 욕망도 그만큼 늘어나게 됩니다. 따라서 인간의 욕망에 비해 자원은 늘 부족한 상태에 있습니다.

자원의 유한성과 욕망의 무한성 사이에서
최적의 생존조건을 만들어내기 위해 사회에는
경제시스템이 필요해집니다.

경제시스템은 생산과 분배의 기능을 수행합니다. 생산은 생존에 필요한 자원을 더 많이 만들어내는 기능이고, 분배는 생산된 자원을 구성원에게 나누어주는 기능입니다. 생산과 분배는 뗄 수 없이 연결되어 있습니다. 경제학은 이런 경제시스템을 연구하는 학문입니다.

경제시스템에는 크게 전통, 명령, 시장 세 가지 방식이 있습니다. 전통은 신분이나 카스트처럼 과업을 세습하는 방식이고, 명령은 최고 권력자의 명령에 따라 과업을 수행하는 방식이며, 시장은 각자 이익이 되는 과업을 수행하는 방식입니다.

이 중 시장의 방식이 근대 문명이 제시한 해결책입니다.
시장은 새로운 현상이 아닙니다.
옛날부터 시장은 있었습니다.
근대적 시장과 그 이전 시장의 차이점은 무엇일까요?

가장 중요한 차이는 이익 개념에 있습니다.
오늘날 사람들은 시장에서의 이익 추구 행위로
자신의 삶을 향상시키려는 노력을 당연한 것으로 여깁니다.

그러나 경제혁명 이전에는 이익 추구 행위가 부도덕한 것으로 간주되었습니다. 대부분의 전통사회에서 상인이 천민으로 취급된 것도 그들의 이익 추구 성향에 대한 부정적 생각과 관련되어 있습니다. 상인들은 신분질서를 교란하고 위협하는 존재로 간주되었지요.

중세 유럽을 지배한 가톨릭은 기독교인이 상인이 되어서는 안 된다고 가르쳤습니다. 12세기부터 구전되어온 한 민담에 따르면, 한 고리대금업자가 결혼을 하기 위해 교회로 들어가다 옆에 서 있던 동상이 쓰러지는 통에 압사했다고 합니다. 자세히 보니 그 동상은 또 다른 고리대금업자의 동상이었습니다.

이 이야기는 돈을 만지는 자들에 대한
교회의 불쾌감을 표현한 것입니다.

근대 시장경제는 한 가지 요인만으로 어느 날 갑자기 생겨난 것이 아닙니다. 여러 요인들이 오랜 기간 서서히 성장하고, 합세하면서 전통사회의 경제시스템을 대체했습니다. 중세 유럽에서 생겨난 상업도시, 국민국가 형성, 새로운 정신을 가진 개신교의 출현, 회계 방법의 발전, 높아진 과학적 호기심 등이 서로 영향을 주고받으면서 시장경제시스템을 발전시켰습니다.

시장경제시스템의 학문적, 이론적 바탕을 처음으로 제시한 사람이 애덤 스미스입니다. 스미스는 시장경제시스템이 자유로운 이익 추구, 교환과 분업, 그리고 경쟁에 의해 자율적으로 작동한다고 보았습니다. 그는 이러한 자율적인 시스템의 원리를 '보이지 않는 손'이라 불렀습니다.

사람은 누구나 자신의 이익을 추구하려고 합니다.
시장경제시스템은 인간의 이런 성향을 자유롭게

교환할 수 있는 능력 때문에 인간은 재능의 차이에 따른 분업으로 서로 이익을 얻습니다. 분업은 인간의 노동생산성을 크게 증대시킵니다. 당시의 핀 제조 공장에 대한 스미스의 관찰에 따르면 한 명의 노동자는 하루에 핀 20개를 채 못 만들지만, 10명이 분업을 하면 하루에 4만 8천 개를 만들어냅니다.

경쟁은 자기 이익만을 추구하는 사람들의 탐욕을 조절하는 작용을 합니다. 어떤 사람이 상품을 실제 생산비보다 터무니없이 비싼 가격에 팔면 경쟁자가 보다 싼값에 상품을 내놓을 것입니다. 그가 만약 사업을 계속하려고 한다면 그는 가격을 경쟁자의 수준으로 내려야 할 것입니다.

시장은 물품 공급을 위한 질서정연한 자율 체계입니다. 시장은 개인들에게 자유를 제공하면서도 스스로 규제하게 합니다. 시장이 용납하지 않는 짓을 할 때, 그 자유의 대가는 경제적 파탄이 될 것입니다. 이처럼 시장의 자율 체계를 작동시키는 것이 바로 보이지 않는 손입니다. 보이지 않는 손에 의해 사적 이익이 사회 전체의 이익과 가장 잘 조화되는 방향으로 유도된다고 스미스는 생각했습니다.

스미스는 부에 대한 새로운 개념을 제시했습니다. 그는 왕실 창고의 금덩어리와 상인들의 독점적 부를 옹호한 당시의 중상주의에 맞서 국민과 국가가 모두 부유해지는 사회의 보편적 부에 관심을 가졌습니다.

중상주의자들은 금과 은이 축적되면 국가가 부유해진다고 생각했습니다. 그들은 국가가 돈으로 사용하는 금은의 수입을 장려하고, 대외반출은 금지해야 한다고 주장했습니다.

또 그들은 상품 수입을 억제하고 수출을 장려하는 보호무역 정책을 제안했습니다. 중상주의자들의 제안에 따라 영국 왕은 관세장벽을 설치하고, 시장에 개입해 특정 기업이 독점적 지위를 누리도록 특혜를 주었습니다. 스미스는 이러한 중상주의가 시장에서 독점권을 확보하려는 자본가들의 술책이라고 비판했습니다.

"사회를 기만하고 억압하는 것이 자본가들에게는 이익이 된다. 우리는 자본가들이 제안하는 모든 법률과 규제에 대해 항상 큰 경계심을 가지고 주의 깊게 검토해야 한다."

스미스가 정부의 시장개입을 비판한 것은 상인들이 자본의 독점을 초래해 국민 대다수를 가난에 빠뜨린다고 보았기 때문입니다. 그가 문제 삼은 것은 정부의 시장개입 자체가 아니라 독점이었습니다.

"
중상주의는 시장에서 독점권을 확보하려는 자본가들의 술책
"

독점은 소비자에게 부당한 세금을 부과하는 것과 같습니다. 또한 스미스는 독점이 자본, 노동, 토지의 자연적 흐름을 막아 국가가 생산할 수 있는 부의 총량을 감소시킨다고 분석했습니다.

스미스는 노동을 부의 원천으로 보고, 국가의 부를 국민이 한 해 동안 노동해서 얻은 생산물의 총량으로 정의했습니다. 노동생산물의 총량은 국민 전체가 한 해 동안 소비할 수 있는 생활필수품과 편의품의 양을 결정합니다. 소비할 수 있는 생활필수품과 편의품의 양이 많을수록 국민들은 부유하게 됩니다.

"
스미스가 비판한 것은 거대상인들의 독점 행위
"

경제학명저

혼히 스미스는 냉혈 자본주의 경제학의 시조로 인식되고 있습니다. 그러나 이러한 시각은 맞지 않습니다. 스미스는 이기적 탐욕 때문에 공정성이 상실되면 언제든지 시장경제는 파탄날 수 있다고 보았습니다. 그래서 그는 공정한 시장질서를 위한 정부의 엄정한 사법 행정을 강조했습니다.

또 그는 분업의 비인간적 측면도 잘 알고 있었습니다. 분업의 문제점에 대한 마르크스Karl Marx의 비판은 잘 알려져 있지만 스미스의 비판은 덜 알려져 있습니다.

마르크스는 분할되지 않은 이상적 삶의 모습을 이렇게 묘사했습니다. "아침에는 사냥하고 오후에는 낚시하고 저녁에는 가축을 돌보고 밤에는 공부한다."

스미스도 단순한 분업이 이해력과 창조력을 행사할 기회를 앗아가 사람을 어리석고 무지하게 만든다고 보았습니다. 이런 사람들은 합리적 대화를 즐길 수도 없고, 너그럽고 부드러운 감정을 느낄 수도 없으며, 정당한 판단을 내릴 수도 없습니다. 그는 국가가 이들에게 인간성 회복을 위한 교육을 제공해야 한다고 주장했습니다.

시장의 공정성을 강조한 스미스의 생각은 그의 도덕 이론에 바탕을 두고 있습니다. 스미스는《국부론》을 쓰기 전에《도덕 감정론 The Theory of Moral Sentiments》을 썼습니다. 그는 자신이《국부론》보다는《도덕 감정론》을 쓴 사람으로 알려지기를 원했습니다. 그는 자기 묘비명에 '《도덕 감정론》의 저자 여기 잠들다'라고 썼습니다.

《도덕 감정론》에서 그는 사람들의 공감 현상에 주목했습니다. 공감은 다른 사람이 기뻐하는 것을 보면 나도 기쁜 마음이 생기고, 다른 사람이 슬퍼하는 것을 보면 나도 슬픈 마음이 생기는 현상을 말합니다. 이러한 공감 본성 때문에 인간은 아무리 이기적인 경우라 하더라도 다른 사람에 대한 선의와 동정심을 가질 수 있습니다.《국부론》에 전개된 그의 정치경제학은 공감 이론을 토대로 하고 있습니다.

스미스는 《국부론》에서 말했습니다.

"우리가 필요한 것을 얻을 수 있는 것은 정육점 주인,
양조장 주인, 빵집 주인의 자비에 의해서가 아니라
자신의 이익에 대한 그들의 관심 때문이다."

그러나 《도덕 감정론》에서 그는 말했습니다. "인간의 본성은 이기심을 억제하고 이타적 성향을 풀어놓음으로써 완성된다. 이것만이 인류의 품위를 높이고 감정과 정열의 조화를 만들어낼 수 있다."

《국부론》과 《도덕 감정론》은 서로 모순될까요? 전혀 그렇지 않습니다. 스미스는 탐욕과 이기적 성향을 구분했습니다. 타인의 이익을 크게 침해할 정도의 과도한 탐욕으로 타락하지 않는 한 인간의 이기적 성향 자체는 자연스러운 것이라고 그는 생각했습니다. 그러나 이기심이라는 열정은 너무 강해서 자주 한계를 넘어 탐욕으로 달려갑니다.

스미스는 시장이 탐욕을 억제하지 못하면 정부가 개입해서 탐욕을 제어해야 한다고 말했습니다. 그가 말한 보이지 않는 손은 탐욕에 대한 정부의 억제를 포함하고 있습니다.

근대 경제혁명으로서의 시장경제는
오늘날 신자유주의 경제시스템으로 나타났습니다.
현대의 신자유주의 경제시스템은
시장경제를 넘어 시장사회로 나아갑니다.

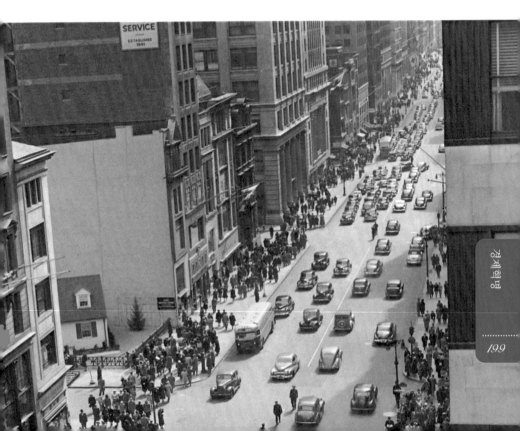

《돈으로 살 수 없는 것들What Money Can't Buy》의 저자 마이클 샌델 Michael Sandel은 시장경제에서 시장사회로 옮겨간 오늘날의 상황을 우려합니다. 그의 구분에 따르면, 시장경제는 생산활동을 조직하는 가치 있고 효과적인 '도구'입니다. 이에 반해 시장사회는 시장가치와 시장논리가 인간활동의 모든 영역에 스며들어 일종의 '생활방식'이 된 사회입니다. 시장사회에서는 시장의 이미지에 따라 사회관계가 형성됩니다.

그리하여 그는 묻습니다.
"우리는 시장경제를 원하는가, 시장사회를 원하는가.
시장의 역할과 영향에 대한 토론은 현대 정치에서
송두리째 빠지고 없다."

신자유주의는 시장논리를 사회 전체에 적용하는
시장지상주의를 추구합니다.
이를 위해 신자유주의자들은
다음의 것들을 강력하게 주장합니다.

1. 시장의 자율성을 침해하는 정부의
   시장개입 반대
2. 정부의 사회복지 정책 반대
3. 국유 기업의 민영화

세계화와 함께 신자유주의가 득세하면서
많은 문제들이 발생했습니다.

1. 기업권력이 국가권력을 위협할 만큼 커져
   민주주의 약화 초래
2. 빈익빈 부익부, 곧 양극화 현상 발생
3. 무한경쟁, 승자독식 사회로의 변모
4. 노동유연화라는 미명 아래 고용
   불안정 가속화

시장지상주의의 주장대로 개인의 자유로운 이익 추구가 공익을 증대시킬까요? 자유롭게 내버려두면 시장이 잘 돌아갈까요? 현실은 그렇지 않다는 것을 보여줍니다. 부자가 더 부유해지면 사회고용도 늘고 분배도 늘어난다는 이른바 '낙수효과' 는 사실이 아닌 것으로 판명되고 있습니다.

2008년 미국에서는 세계 경제를 위기에 빠뜨린 금융파동이 발생했습니다. 미국 연방은행장을 지낸 앨런 그린스펀Alan Greenspan은 "우리가 시장을 너무 믿었다"고 뒤늦게 탄식했습니다. 당시 월가Wall Street 금융회사의 한 직원은 회사가 이익에만 몰두해서 신용평가를 부실하게 한 사실을 고백하며 "우리는 악마에게 영혼을 팔았다"고 말했습니다. 규제 없는 시장은 악마에게 영혼을 파는 사람들로 가득 차게 됩니다.

"
우리가 시장을 너무 믿었다. 우리는 악마에게 영혼을 팔았다.
"

2011년 9월 17일 뉴욕에서는 '월가를 점령하라Occupy Wall Street'는 시위가 벌어졌습니다. 상위 1%만 잘사는 사회에 대한 사람들의 분노가 터져 나온 것이지요.

1930년 경제학자 존 메이너드 케인스John Maynard Keynes는 자신의 증손자 세대(2010년대)가 되면 기술 발전으로 소득과 임금이 평균화되고 빈곤문제가 해결될 것으로 보았습니다.
또 주당 15시간의 노동만으로 먹고사는 문제가 해결되어 사람들은 여가생활을 즐길 수 있을 것이라고 예상했습니다.

케인스가 그린 2010년대의 경제적 낙원이 현재의 모습과 일치하나요? 전혀 그렇지 않습니다. OECD 주요 국가들의 주당 평균 노동시간을 보면 네덜란드가 30시간 미만으로 가장 짧고, 미국이 34.5시간, 독일이 35시간, 캐나다는 38시간, 대한민국은 44.6시간으로 가장 깁니다. 케인스가 예측했던 것처럼 주당 15시간으로 노동단축을 실현한 나라는 아직 세계 어디에도 없습니다.

시장의 탐욕은 사회의 보편적 부에 기여하는
것이 아니라 부익부 빈익빈을 심화시켜,
세계를 1대 99의 상태로 몰아넣고 있습니다.

1대 99의 사회란 어떤 사회일까요?

현재 미국은 상위 1%의 부자가
전체 소득의 24%를 가져가고,
전체 소득 증가분의 93%를 차지합니다.
세계적으로는 2000년 기준으로
상위 1%가 전 세계 부의 40%를 차지합니다.

한국은 어떨까요?

조사기관에 따라 조금씩 다르지만
상위 1%가 전체 소득의 11%에서
15% 정도를 가져갑니다.
그리고 상위 10%가
전체 순자산의 46.2%를 차지하고 있습니다.

스미스가 살아 있다면
지금의 시장지상주의체제를 지지했을까요?
아닐 겁니다.
시장이 모든 것을 해결해준다는 믿음은
이제 설득력을 잃고 있습니다.
인간은 극단적 불평등을 허용하지 않는
본성을 갖고 있습니다.
신자유주의 경제시스템으로는
인간의 지구 문명이 더 이상 지속 가능하지 않습니다.
지속적인 사회발전도 불가능합니다.

대안은 무엇일까요?

이것이 우리의 과제입니다.
자본주의가 지속 가능하려면
자본주의를 어떻게 변화시켜야 할까요?
지금의 자본주의가 사람들에게
더 많은 고통을 안겨준다면
우리는 어떤 경제시스템을 추구해야 할까요?
생산, 분배, 소비를 어떤 방식으로 해야 할까요?

근대 경제혁명이 지금 우리에게 들려주는 것은 물질적 풍요를 산출한 근대 시장의 성공과 실패의 이야기입니다. 누구도 빈곤을 환영하지 않습니다. 그러나 누구도 실패와 파탄이 뻔히 보이는 길을 계속 내달릴 수 없습니다. 사람들을 고통과 비참으로 몰아넣는 심각한 불평등을 어떻게 해결할 것인가. 이것이 현대 세계가 안고 있는 큰 문제입니다. 이것은 우리 누구도 외면할 수 없는 이 시대의 지구적 의제입니다.

05

개인의 탄생

새로운 인간의 등장

근대는 개인의 등장이라는 사회적 변화가 발생한 시기이다. 자유주의자들은 개인의 권리를 법으로 보장하려 했고, 이는 누구나 법 앞에 평등하다는 법치주의사상으로 이어졌다. 프랑스혁명 이후 개인주의는 더 이상 지적 흐름에 머무르지 않고 일반적 사회현상으로 나타난다. 개인주의의 대중적 확산과 함께 유럽 사회는 커다란 변화를 겪는다.

귀족으로 태어나면 죽을 때까지

귀족

농민으로 태어나면 죽을 때까지

농민

자신의 의지와 상관없이 결정되는
신분, 직업, 소속

출생과 함께 물려받는
아버지의 이름과 지위

그러나

전통·관습·권위를 거부한

신인류

이들의 행동원칙

자율성
독립성
유일성

르네상스 시대의 대표적 신인류

레오나르도 다빈치 Leonardo da Vinci

공증인 집안의 사생아로 태어났으나
만물에 대한 호기심과 상상력
끊임없는 관찰과 실험으로

당대 최고의 과학자, 예술가, 발명가가 된 사람

1519년 5월 임종을 앞두고
그가 왕에게 남긴 유언

"나의 장례식에 60명의 거지들이 참석하게 해주십시오."

그가 거지들에게 준 무언의 메시지
그의 평생 신념

"
사람은 자기 손으로 자기 운명을 바꿀 수 있다.
"

1597년 윌리엄 셰익스피어William Shakespeare 극에 등장하는
신인류 로미오와 줄리엣

"오, 로미오, 로미오.
왜 이름이 로미오인가요?
아버지의 이름을 버리세요.
아니, 그렇게 못하시겠다면
저를 사랑한다고 맹세해주세요.
제가 아버지의 이름을 버리겠어요."

적대적인 두 집안의 반대를 무릅쓰고
사랑을 위해 가문의 이름을 버리는 연인들

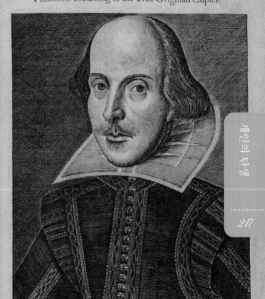

1719년 대니얼 디포Daniel Defoe가 그려낸 신인류

로빈슨 크루소

아버지의 만류를 뿌리치고
미지의 세계로 모험을 떠나는 젊은이
중산층의 삶을 버리고
새로운 미래를 선택한 모험가

무인도에 혼자 살아남아 근면, 계획, 계산의 힘으로
자기 운명을 개척한 실용적, 합리적, 경제적 인간

레오나르도 다빈치, 미켈란젤로Michelangelo,
갈릴레오 갈릴레이, 렘브란트Rembrandt, 괴테,
로미오와 줄리엣, 로빈슨 크루소

이들에게 붙여진 이름
개인

개인 individual
in (not) + divisible

"개인은
단일성과 유일성을 지닌
독립적 개체이다."

―고트프리트 라이프니츠―

"인간은 자신의
신체와 행위,
노동의 주인이다."

―존 로크―

"과감히 알려고 하라!
너 자신의 이성을
사용할 용기를 가져라!"

―임마누엘 칸트―

유일성

전통과 관습의 굴레를 벗어던지는

독립성

스스로의 판단으로 삶을 선택하는

자율성

신분질서의 붕괴, 계몽주의의 등장
인권의식의 확산, 시장경제의 대두

'나'의 발견

운명의 주체, 권리의 주체
계약의 주체, 판단과 실천의 주체

자기만의 얼굴
초상화

자기만의 방
사생활

자기만의 이야기
자서전
일기
소설

자기만의 스타일
개성

주어진 세계에 안주하지 않고

자신의 세계를 만들어가는

신인류의 시대
개인의 탄생

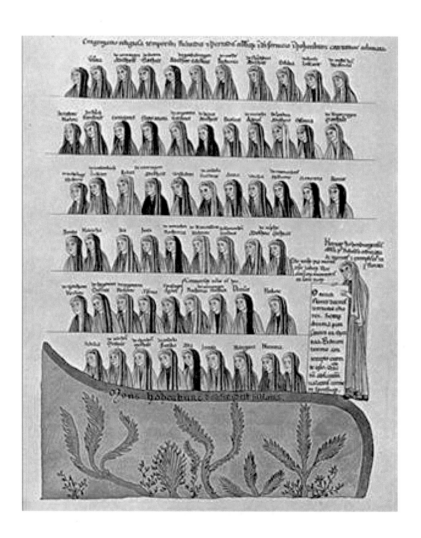

12세기 말 유럽에서 출간된《기쁨의 정원Hortus deliciarum》이라는 책의 표지입니다. 이 책에는 당시 수녀원에 소속된 수녀들의 초상화가 직책별로 그려져 있습니다. 놀라운 것은 60명에 달하는 인물들이 거의 모두 비슷한 얼굴과 표정을 가지고 있다는 점입니다.

그 당시에 그려진 또 다른 초상화입니다.
비슷한 얼굴과 머리 모양, 심지어 체형과 옷차림까지
거의 동일해 보입니다.
하지만 이들은 쌍둥이 형제가 아닙니다.
머리 위에 표시된 문장이 가리키듯이 이들은 각 가문의
대표자들입니다.

화가는 왜 이렇게 그렸을까요?

"
봉건 시대의 정체성 인식 —신분·지인·혈통
"

"
공동체의 권위와 질서가 행동의 규범
"

그래서 초상화 역시 각 인물이 지닌 실제 모습보다는
신분이나 지위를 보여주는 데 치중하고 있습니다.
'개인'으로 존재한다는 것은 인간에게
본래부터 주어진 조건이 아니었습니다.
고대 사회에서도 무리를 떠나고
집단을 이탈한 외톨이는 사람으로 대접받지 못했고
인간으로 살 수도 없었습니다.

인간은 언제부터 독립적 개인으로 살게 되었을까요?
내가 내 삶의 주인이라는 인식은 어떻게 형성된 것일까요?
개인을 탄생시킨 중요한 사회적 변화들은 무엇이었을까요?

1448년 구텐베르크Johannes Gutenberg의 활판인쇄는
필사본으로만 접할 수 있던 책을
대량으로 생산하게 해주었습니다.
근대의 가장 중요한 사건이라 평가되는 인쇄술은
글자를 읽을 수 있는 식자층을 증가시켰고
지식의 확산을 가져왔습니다.

근대 이전까지 지식은 인간을 위한 것이 아니라 신과 교회를 위한 것이었습니다. 하지만 책이 보급되면서 지식은 인간 스스로를 위해 사용할 수 있는 것이 되었습니다.

인쇄술의 발달과 독서문화의 확산은
자기 교육의 욕구를 자극했습니다.
자기 교육에 크게 기여한 것은 문학작품 중에서도
특히 18세기에 등장한 근대 소설입니다.

문학작품을 읽으면서 당시 사람들은 자신의 생각을 확장시키고 자신을 도덕적으로 완성시키며, 스스로 생각하는 인간이 되고자 했습니다.

셰익스피어의 《햄릿》, 《로미오와 줄리엣》, 세르반테스Cervantes의 《돈키호테》, 대니얼 디포의 《로빈슨 크루소》, 새뮤얼 리처드슨Samuel Richardson의 《파멜라》 같은 작품들은 모두 근대적 개인의 문학적 구현이었습니다. 근대 소설은 '개인의 연대기'라 말할 수 있습니다.

개인의 탄생을 가져온 또 다른 사회적 변화는 17세기에 등장한 자유주의사상입니다.

자유주의사상가 존 로크는 사람이 자신의 삶을 스스로 결정하고
영위할 권리를 갖고 있다고 주장했습니다.

그에 따르면,
정치공동체란 자유롭고 평등한 개인들 간의
'계약'을 통해 구성됩니다.

자유주의사상은 개인의 다양한 권리를
법으로 보장받으려 했고, 이는 누구나 법 앞에

평등하다는
법치주의사상으로 이어집니다.

시장경제의 발달 – 이익을 추구하는 독립적이고 동등한 개인들의 활동

자본주의 시장경제의 발달도 개인의 성장을 가능하게 한 큰 요인입니다. 경제활동은 각자의 이익을 추구하는 독립적이고 동등한 개인들 사이에서 이루어집니다. 돈은 인간사회에서 오랫동안 이어져오던 사회관계의 끈을 끊어버리고 이해관계와 기능적 관계로 얽힌 새로운 세상을 창출해냅니다.

화폐경제는 전통적 제약과 구속으로부터 사람들을 풀어놓았습니다. 인간관계는 익명성, 비인격성, 무관심으로 채색됩니다. 돈이 초래한 이러한 기능적 결합의 특성은 개인활동의 자유와 독립성의 공간을 열어놓았습니다.

근대적 개인은 이처럼 15세기부터 유럽 사회에서 발생한 다양한 변화들을 흡수하면서 탄생했습니다. 인간 능력에 대한 확신은 인간이 독립적이고 자율적이며, 아무도 대체할 수 없는 고유성과 유일성을 가지고 있다는 자각을 일깨워주었습니다.

이런 자각 속에서 사람들은 자신을
남들과 구별 짓는 고유성과 개성에 대한
욕구를 가지게 되었습니다.

17세기 네덜란드 화가 프란스 할스Frans Hals는 수많은 초상화를 그렸습니다. 그는 무역과 상업으로 부자가 된 사람들을 주로 그렸습니다. 르네상스 시대까지만 해도 소수의 특권층만이 자기 초상화를 가질 수 있었습니다. 세속화 사회의 출현과 함께 나라는 개별 존재에 대한 관심은 자신의 사회적 성취를 확인하고자 하는 욕구와 더불어 초상화 붐을 일으켰습니다.

초상화는 자신의 개성을 표출하는 동시에 타인에게 그것을 과시할 수 있는 거울이었습니다. 그래서 당시 초상화에는 자기 외모와 함께 부를 상징하는 화려한 의복이나 소품이 화면에 배치되곤 했습니다. 할스가 그린 알레타 하네만Aletta Hanemans의 초상을 보십시오. 옷의 초상이라 불러도 좋을 만큼 의상이 화려합니다.

그러나
개인의 고유성에 대한 자각이
외부성에만 쏠렸던 것은 아닙니다.
내면적 고유성에 대한 관심도 커졌습니다.

렘브란트는 1669년에 이 초상화를 그렸습니다. 시선을 끄는 것은 어둠 속에서 무언가를 응시하는 진지한 표정의 인물입니다. 무엇을 응시하는 것일까요? 자기 자신의 내부입니다. 렘브란트는 인물의 생김새나 의복, 지위를 드러내기보다는 자기가 원하는 곳에만 명암을 사용했습니다.

이 얼굴은 젊은 나이에 화가로서 부와 명성을 얻었으나 말년에는 가난과 고통에 시달렸던 렘브란트 자신의 초상화입니다. 렘브란트는 사회적 지위나 주변의 시선과 관계없는 자신의 내면을 들여다보고자 했던 것이지요.

이처럼 개인의 고유성을 향한 욕구는 외면에 대한 관심과 함께 내면에 대한 관심도 불러일으켰습니다. 얼굴의 생김새나 체형의 차이는 각각의 사람을 구별시키는 객관적 차이입니다. 반면 내면에 대한 시선은 자신만이 느끼는 감정이나 생각을 중시하는 주관적 세계입니다. 개인에 대한 자각은 이처럼 자신의 외부와 내부를 구분하는 데서 한발 더 나아가 내면 세계를 중시하는 쪽으로도 발전합니다.

이런 경향을 두고 문화사가들은
"내면성을 향한 인간의 긴 여행"이
근대에서부터 시작되었다고 말합니다.

17세기 철학자 데카르트Descartes는
"나는 생각한다, 고로 존재한다"고 말했습니다.
데카르트는 가장 확실한 판단의 척도가
나 자신의 생각이기 때문에, 내가 납득할 수 없는
모든 것을 의심해야 한다고 보았습니다.

데카르트의 이런 생각은 모든 판단이 개인의 자기 인식을 기초로 이루어진다는 새로운 철학의 패러다임을 열어주었습니다. 공동체나 종교의 집단적 가치관은 부차적인 것으로 밀려나고 개인의 생각이 판단의 기초 단위가 됩니다.

개인의 독립성과 자율성을 중시하는
삶의 태도와 가치관을 '개인주의'라고 합니다.
개인주의의 대중적 확산과 함께 근대 사회는 커다란
변화를 겪게 됩니다.

어떤 변화가 발생했을까요?

개인주의가 가져온 가장 큰 사회적 변화는 인권 존중입니다. 인권이란 모든 인간이 세계 어느 곳에서나 단지 인간이라는 이유만으로 동등하게 누려야 할 권리를 뜻합니다. 인권에는 인간 개개인의 신체와 생명에 대한 권리뿐만 아니라 인격과 재산소유의 권리가 포함됩니다.

1833년 영국 의회는 공식적으로
자국 내의 모든 노예무역을 금지하고
노예제도를 폐지하는 법안을 통과시켰습니다.

당시 영국은 가장 많은 식민지를 거느린 제국이었으며 노예무역을 통해 막대한 이익을 얻고 있었습니다. 그럼에도 불구하고 영국의 지식인들과 진보적 정치인들은 피부색이 다른 인종에게도 백인과 동일한 권리를 주어야 한다고 주장했습니다. 인간이라면 누구든지 자유롭고 평등하게 살 수 있는 존엄한 권리를 갖고 있다고 생각했기 때문입니다.

개인주의는 모든 사람들이
동등한 참여의 권리를 보장받는
민주주의 형성과 발전에도 크게 기여했습니다.

민주주의는 개인들 간의 자유로운 동의와 참여 권리에 기초한 정치제도입니다. 자신의 판단과 행동에 책임질 수 있는 모든 성인은 정치적 결정에 참여할 수 있는 권리를 보장받습니다.

하지만 시민권이라 불리는 이 참여 권리는 20세기 초반까지 남성에게만 부여되었고, 여성은 제외되었습니다.

프랑스 여성운동가 올랭프 드 구즈Olympe de Gouges는 여성의 시민권을 주장하다 1793년 단두대에서 목숨을 잃었습니다.

영국 작가 메리 울스턴크래프트Mary Wollstonecraft는 1792년에 《여성 권리의 옹호A Vindication of the Rights of Women》라는 책을 내놓았지만 엄청난 사회적 비난에 휩싸였습니다.

그로부터 백여 년 동안 꾸준히 여성들은 남성과 동등한 시민의 권리를 요구했습니다. 1913년에는 영국의 에밀리 데이비슨Emily Davison이라는 여성이 경마장에 뛰어들어 여성 참정권을 외치다가 사망하는 사건까지 발생했습니다.

그녀의 사망 이후 각국은
여성 참정권을 본격적으로 검토하게 되었고,
오늘날 여성들은 성별 구분 없이
개인이면서 동시에 시민으로서의
권리를 향유할 수 있게 되었습니다.

개인주의가 이끈 사회적 변화에는 사적 영역의 발견도 포함됩니다. 사적 영역이란 국가나 공동체에 대해 책임을 져야 하는 공적 영역 바깥에서 사람들이 자신만의 삶을 계획하고 추구할 수 있는 공간을 말합니다. 사적 영역은 오늘날 우리가 경험하는 다양한 문화생활과 개인적 삶의 영역들을 포괄합니다.

개인주의 확산은
자유로운 개성과 자신만의 방식으로
삶을 개척하는 사람들을 증가시켰습니다.

독창성과 창의성을 존중하는
문화적 풍토가 만들어졌습니다.

또한 자유시장의 확대와 다양한 상품의 생산은 소비의 시대를 열었고, 시장의 변화에 예민하게 반응하고 열심히 일해 사회적 성공을 거두는 기업가형 인물들을 배출했습니다.

이처럼 개인주의는 민주주의와 시장경제 발전의 토대가 되었으며, 현대인 삶의 방식에 밑그림을 그렸습니다. '자율적이고 독립적인 개인'이라는 근대적 인간상의 보편적 구현은 무엇보다 자유의 가치를 활짝 피웠습니다.

그러나 사람들이 누릴 수 있는 자유의 범위는 무한하지 않습니다. 그 범위는 어디까지일까요? 자유라는 근대 유산을 물려받은 현대인은 이 문제를 진지하게 고민해야 하는 과제에 직면하게 되었습니다.

오늘날 개인주의는 개인의 자유에 대한 왜곡된 이해 때문에 다양한 문제를 낳고 있습니다. 개인주의는 나의 자유만 주장하는 것이 아니라 나에 대한 나의 책임도 인식하는 태도입니다. 개인의 자유와 권리 행사를 인권이나 시민권보다 우위에 두는 태도는 사회불평등을 용인하고, 고삐 풀린 시장이 '악마의 맷돌'로 추락하게 합니다.

또한 지나친 개인주의문화는 타산적 이해관계,
고독과 소외, 인간성 상실 같은
현대 사회의 병폐를 낳는다는 비판도 받고 있습니다.

개인주의는 흔히 이기주의와 혼동됩니다.
하지만 개인주의는 이기주의와는 다릅니다.

개인주의는 인간의 존엄성을 내세우는 휴머니즘과 함께 탄생했
습니다. 혈통, 신분과 같은 전통적 소속관계로부터 벗어난 독립
적 개인들은 '인간' 이라는 공통분모를 획득하게 됩니다.

프랑스 철학자 로베르 르그로Robert Legros에 따르면, 모든 소속관계로부터 해방된 개인은 '인간'으로 나타납니다. 개인과 인간, 개인주의와 휴머니즘은 동전의 양면과도 같은 관계에 있습니다. 휴머니즘의 토대는 인간의 존엄성에 대한 존중입니다. 이 존중은 타인에 대한 공감에서 나왔습니다. 흑인 노예가 겪는 고통에 대한 공감, 사람들이 부당하게 차별받는 상황에 대한 공감은 신분이 다르고 지위가 다르더라도 인간이라면 누구나 지니는 윤리적 감성에서 비롯됩니다.

 역사가 린 헌트Lynn Hunt는 독립된 사고를 지닌 개인이 나의 자율성뿐만 아니라 타인의 자율성도 인정하는 공감이라는 새로운 감성을 발전시켰다고 말합니다. 따라서 개인주의는 나의 자유와 권리만 소중하게 생각하는 이기주의와 달리, 모든 인간과 공감할 수 있는 감성을 지니고 좁은 이해관계를 넘어 선택하고 행동할 줄 아는 삶의 태도를 가리킵니다.

개인주의가 전통문화를 붕괴시킨다는 비판도 자주 제기됩니다.
공동체를 중시하는 전통적 입장에서 볼 때, 개인의 자유는 집단
에 무질서와 혼란을 가져올 수 있습니다. 기존의 관습적 질서를
위협하는 것으로 여겨질 수도 있습니다.

물론 개인주의는 사회의 권위적이고
강압적인 명령에 저항합니다.
하지만 자유로운 비판정신이라는
개인주의의 특징은 합리적 판단에 따라 내려진
모든 결정을 존중합니다.

또한 서로의 견해 차이를 억압하기보다는 서로 인정할 것을 요구합니다. 개인주의는 전통문화가 일방적으로 강요하는 것들을 상호 존중으로 대체하려 할 뿐 그 문화를 붕괴시키려 하지는 않습니다.

개인주의가 사회결속을 무너뜨리고 불평등을 초래할 수 있다는 비판도 있습니다.

공감의 감성을 지닌 개인은 무제한적 자유가 아니라 사회적 관계를 훼손하지 않는 자유를 추구합니다. 무제한적 자유가 나 자신의 욕망 때문에 타인을 희생시킬 수도 있는 것이라면, 개인이 누리는 자유는 책임의 범위 내에서 행사됩니다.

개인의 자유만을 강조하는 자유지상주의와 달리 건강한 개인주의는 타인과의 조화로운 공존이라는 평등주의적 책무를 지고 있습니다. 개인주의에 대한 올바른 이해는 사회의 불평등을 묵인하기보다는 불평등을 비판하고, 그에 저항함으로써 더 나은 사회를 만드는 데 기여할 수 있습니다.

개인주의에 대한 다양한 비판을 보면서 우리는 '개인'이 공짜로 주어지는 것이 아니라 상당한 노력을 통해서만 성취되는 것임을 알 수 있습니다. 그렇다면 진정한 개인이 되기 위한 조건은 무엇일까요?

첫째는 통념에 얽매이지 않는 독립적 사고입니다. 계몽사상가 칸트가 "너 자신의 이성을 사용할 용기를 가져라!"라고 말한 것처럼 독립적 사고는 모든 상황에서 스스로 생각하고 판단하는 이성의 능력을 의미합니다. 개인은 생각의 주체, 판단의 주체, 실천의 주체입니다.

두 번째는 자기를 교육하고 형성하려는 열정입니다. 교육철학자 헤르더Johann Gottfried Herder는 "네가 만들고 형성한 것이 바로 너 자신이고, 과거의 너이자 지금 현재의 너"라고 말했습니다. 나를 실현한다는 것은 과거와 현재를 통해 부단히 나 자신을 만들어가는 것이고 나 자신을 발명해가는 일입니다.

개인은 인격 형성의 주체입니다. 그러나 나 혼자서만 나를 만들수 있는 것은 아닙니다. 내가 어떤 인간이 되고, 어떻게 살 것인가를 모색하려면 내가 사는 사회를 알고, 평생의 친구들을 만들고, 내가 추구하는 가치가 어떤 것인지를 찾아 나서는 일이 필요합니다. 그러기 위해서는 남들의 견해와 비판에 귀를 열고 타인들과 소통하는 일이 중요합니다.

한국 최초의 근대적 개인으로는
누구를 꼽을 수 있을까요?

1884년, 불과 스무 살 나이로 김옥균, 박영효, 서광범 등과 함께
갑신정변을 일으킨 귀족 청년이 있었습니다. 정변은 3일 만에 실
패하고 그는 대역죄인으로 몰려 도망자 신세가 됩니다. 부모와
처자식은 자살하고 동생은 참형을 당합니다. 두 살 난 아들은 버
려져 굶어 죽습니다.

홀로 살아남아 일본을 거쳐 미국으로 망명한 그는 낯선 미국 땅
에서 낮에는 일하고, 밤에는 공부하며 고등학교를 졸업하고, 의
과대학을 나와 의사가 됩니다. 그는 근대 의학을 배워 최초의 서
양식 의사가 된 한국인입니다.

서재필이 바로 그 사람입니다.

그는 미국에서 자기 이름을 영어식으로 바꿉니다. 필립 제이슨 Philip Jaison, 서재필이 필립 제이슨으로 재탄생합니다. 근대적 개인의 중요한 특징 한 가지는 자기 손으로 자기를 재발명하는 일입니다. 서재필이 그런 사람이었습니다. 그는 미국에서 민권사상과 민주주의를 배웠고 개인이라는 것을 발견합니다. 그는 구한말 조선 출신의 첫 근대적 개인이었다고 말할 수 있습니다.

그러나 그는 자신이 도망쳐 나온 조선을 한시도 잊은 적이 없습니다. 그는 민주주의와 근대적 문물을 들여다 조선을 개혁할 방법이 없을까 노심초사했습니다.

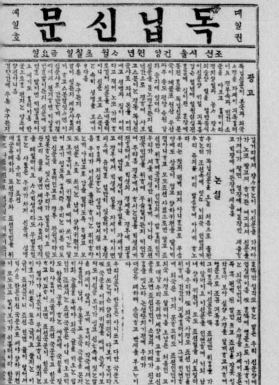

1895년 그는 미국 시민의 신분으로 귀국해서 최초의 민간신문 〈독립신문〉을 창간하고, 열강의 틈바구니에 끼어 비틀거리던 조선의 독립과 개화를 위해 헌신합니다. 개화는 요즘 말로 근대화입니다.

그는 조선의 독립과 개화가 민중을 계몽할 수 있는 교육에 달려 있다고 보았습니다. 그래서 귀천을 막론하고 모든 사람이 쉽게 읽도록 순한글체 신문을 발간했고, 서구의 민권사상과 민주주의, 법치주의를 알리는 데 주력했습니다. 그는 구왕조의 귀족이었으나 끊임없이 자기 운명을 개척하고 자기를 발명해나간 사람입니다. 조선이 일제 식민지가 되자 그는 다시 미국으로 돌아가 독립운동을 도왔고 1951년 미국에서 타계합니다.

흥미로운 사실이 하나 있습니다. 이름을 영어식으로 바꾸긴 했어도 그는 자신의 영문 이름 속에 서, 재, 필이라는 스펠링을 거꾸로 새겨넣었습니다. 필립 제이슨이라는 이름에는 필, 재, 서가 들어 있습니다. 그는 개인이었으되 자기 조국과 공동체를 잊지 않은 개인이었습니다.

개인주의는 이기적 자기중심주의가 아니라 인간 개개인의 개성과 자유와 존엄성을 지키려는 정신적 가치입니다. 지난 500년 세계사의 전개 과정에서 탄생한 개인은 사회에 예속되어 있던 인간을 사회를 구성하는 주체로 변모시켰습니다.

타인에 대한 공감 능력은 인권의 소중함을 일깨워주었습니다. 내면에 대한 성찰과 비판적 사고는 자유로운 사상과 표현을 중시하는 지성의 문화를 탄생시켰습니다.

개성의 존중은 창의성과 독창성을 살리는 문화다양성을 꽃피웠습니다. 물론 지금의 서구 사회가 개인주의의 장점을 잘 살려낸 사회라는 뜻은 아닙니다. 현대 서구 국가에서도 개인주의는 종종 이기주의와 혼동되고 상당한 타락을 겪고 있습니다.

중요한 것은 우리 사회입니다.

서구 문물이 밀려들어 온 개화기와 일제 강점기를 겪은 이후 한국은 경제규모 세계 12위의 경제대국이 되었습니다.

휴대폰 시장에서 한국 기업들은 1, 2위를 다투고 있고, 세계적 안목을 키우기 위해 해마다 많은 학생들이 해외여행을 떠납니다. 하지만 서구화된 의식주와 환경 변화에도 불구하고 한국 사회는 근대적 개인주의의 가치를 풍부하게 실현할 수 있는 참된 의미의 개인들이 부족합니다.

맹종을 거부하는 비판적·합리적 사고력를 지닌 개인,
타인의 고통을 공감할 줄 아는 개인, 공동체에 대한
시민적 책임을 회피하지 않는 개인, 이런 개인들을
더 많이 필요로 하는 곳이 바로 우리 사회입니다.

가족주의와 권위주의는 여전히 안방 드라마의
단골 소재로 등장합니다. 개인의 창의성과 합리적인
의견은 외면받기 일쑤고, 학연, 지연, 서열을 따지는
연고주의와 서열주의가 뿌리 깊게 남아 있습니다.

급속한 경제성장 속에서 개인주의는 내면적 성찰과
인격 완성을 향한 정신적 가치보다 자기 이익 외에는
아무것도 보지 않으려는 냉랭한 적자생존의 논리로
혼동되고 있습니다.

'후마니타스'라는 말은 인간을 인간답게 하는
가치들을 존중하고 정의로운 사회와 문명을 지향하며
자기 자신을 사람다운 사람으로 만들어가려는
이상과 열정을 표현합니다.

공부하는 사람은 지금의 나에 만족하고
지금 여기의 세계에 안주할 것이 아니라 더 나은 나,
더 나은 세계를 만들기 위한
비전을 준비할 책임이 있습니다.

이것이 오늘 우리가 개인이란
누구이며 무엇인가를
배우고 공부하는 이유입니다.

06

근대 도시의 탄생

공간 재편

}{

신은 시골을 만들었지만 인간은 도시를 만들었다. 현대 사회의
도시는 근대가 필요에 의해 만들어낸 새로운 공간이다. 인간과
인간의 거리가 이렇게까지 가까워진 적이 없지만 이렇게까지 서
로가 서로에게 타인으로 남아 있을 수 있는 공간은 인류사에 없
었다. 왜 시인 릴케는 "사람들은 살기 위해서가 아니라 죽기 위
해 도시로 온다"고 말했을까?

도시_都市 = 정치의 중심지 '도읍_都邑' + 경제의 중심지 '시장_市場'

인류의 역사는 도시와 함께 발전해왔다.
고대 세계에서 도시는 정치의 중심지였다.
바빌로니아의 수도 바빌론, 고대 아시리아의 수도 니네베,
고대 그리스의 대표적인 도시국가 아테네
그리고 로마제국의 수도였던 로마에 이르기까지
도시에서 국가가 탄생하고 제국이 만들어졌으며,
민주주의가 발전하고 공화국이 등장했다.

19세기 '근대 도시의 탄생'

근대가 만든 새로운 도시
대도시Metropolis

근대는 이전과 전혀 다른 형태, 다른 성격의 새로운 도시를 만들어냈다.
이 도시를 우리는 '대도시'라 부른다.

근대화의 산물이자 동시에 근대화를 이끌어가는 동력
그 자체인 '대도시'
초기 근대 도시는 산업도시에서 출발했다.

산업혁명과 함께 도시마다 상품을 대량으로 생산하는
공장이 들어섰고 공장에서 일하기 위해 사람들이 몰려들었다.

이들을 대상으로 한 상업, 금융업, 서비스업이
발달하면서 근대 도시는 점차 생산보다 소비가
더 큰 비중을 차지하게 된다.

19세기 중반을 넘어서면서 대도시는 대규모 소비를
창출하며 자본주의 경제의 새로운 도약을 이끌게 된다.

지리학자 데이비드 하비David Harvy는 파리를 '모더니티의 수도' 라고 부릅니다. 근대를 상징하는 대표적 도시라는 의미입니다. 파리는 유럽에서 가장 큰 도시이자 가장 먼저 근대화된 도시입니다. 파리는 19세기 거대한 개조 공사를 통해 근대의 대도시로 새롭게 탄생합니다.

19세기 초 파리는 초기 산업도시의 전형적 모습을 띠고 있었습니다. 전통적 형태의 도시에 갑자기 많은 사람이 몰려들면서 도시는 포화 상태에 빠졌습니다. 비대해진 도시는 마치 동맥경화에 걸린 것처럼 자본과 인력을 제대로 순환시키지 못했고 이는 프랑스 전체 경제에도 나쁜 영향을 미쳤습니다. 당시 막 자리 잡기 시작한 자본주의 경제를 온전히 발전시키기 위해서는 파리를 재정비할 필요가 있었습니다.

1853년 조르주 외젠 오스만Georges-Eugene Haussmann
남작이 센 강 지사로 취임하면서
파리 개조사업에 착수합니다. 그의 목표는 파리의 내부
공간을 합리적으로 재편하는 것이었습니다.

오스만 남작의 파리 개조 원칙

공간의 합리적 재편
계몽 프로젝트의 물리적 실현

오스만 남작은 우선 도시에 잔존하는 중세도시의 흔적을 모두 지워버립니다. 가장 먼저 채소밭, 과수원, 가축 농장을 없앴고 노동자와 빈민의 주거지를 도시 외곽으로 이전시켰습니다. 그런 후에 도시 내부 공간을 기능별로 구역 짓고 넓은 직선 대로와 방사선 도로로 각 구역을 연결했습니다. 거리 양편에는 아연합금의 지붕을 덧댄 새로운 양식의 석조 건축물을 줄지어 세웠고 철도, 전기, 상하수도 등의 인프라도 새롭게 구축했습니다.

파리 개조사업은 단지 파리만의 문제가 아니었습니다. 프랑스 전체 경제시스템이 파리를 중심으로 원활하게 돌아갈 수 있도록 프랑스 각 지역과 파리의 효율적 물자 교류를 위해 교통 인프라 구축도 함께 이루어졌습니다. 운하가 정비되고, 철도가 건설되었으며 파리를 향한 많은 도로가 새로 만들어졌습니다.

19세기 중반 프랑스의 잉여 자본과 노동력이 파리 개조사업에 모두 투자되었고 전 과정은 국가권력의 총괄 지휘 아래 이루어졌습니다. 파리 개조사업은 프랑스 초기 자본주의가 본격적으로 자리 잡고 작동하기 위한 공간의 창출이면서 동시에 근대 자본주의 발전의 추진력이기도 했습니다.

파리 개조사업이 마무리되고 1889년 파리에서 만국박람회가 열립니다. 새로워진 파리를 세계에 선보이기 위해 만국박람회를 개최한 겁니다. 건축기사 귀스타브 에펠Gustave Eiffel은 박람회의 공식 조형물을 설계합니다. 박람회가 열리는 1889년은 프랑스혁명 100주년이기도 했습니다. 프랑스혁명, 파리, 만국박람회는 모두 공통의 가치를 내세우고 있었습니다. 그것은 바로 계몽과 합리성입니다. 박람회의 공식 조형물, 에펠탑은 계몽과 합리성을

계몽과 합리성은 근대의 정신이기도 합니다. 그래서 에펠탑은 가장 근대적인 형태로 설계되었습니다. 에펠탑은 18,038개의 철재로 조립된 324m의 철골 구조물입니다. 중세 시대가 석조 건축물의 시대였다면 에펠탑은 철의 시대가 개막했음을 알리는 기념비라 할 수 있습니다. 또한 에펠탑은 당시 전 세계에서 가장 높은 인공 구조물이었습니다. 근대 공학기술의 집합체인 것입니다.

에펠탑의 근대적인 모습은 당시 사람들에게 낯설게 느껴져 에펠탑을 비난하는 사람도 많았습니다. 기 드 모파상Guy de Maupassant, 에밀 졸라Emile Zola, 알렉상드르 뒤마Alexandre Dumas, 샤를 프랑수아 구노Charles François Gounod 등은 에펠탑이 파리의 미관을 망치는 천박하고 혐오스러운 쇳덩어리라고 독설을 퍼붓기도 했습니다.

건설 초기 격렬했던 비판
"추악한 구조물이 고풍스러운 도시를
더럽히고 있다."

설계자 귀스타브 에펠의 반론
"이 기념물은 대혁명 이후 우리가 성취한
위대한 과학과 산업의 발전을 상징한다."

특히 모파상은 1890년에 발표한 자신의 소설에서 "나는 에펠탑 때문에 파리 아니 프랑스를 떠났다. 이 거대하고 흉측한 뼈대를 벗겨버리지 않는다면 사람들이 우리 세대를 어떻게 생각할지 염려스럽다"라고 쓸 정도로이 근대적 구조물을 싫어했습니다. 그러나 오늘날 에펠탑은 근대 도시로 재탄생한 파리의 대표적인 상징물로인정받고 있습니다.

근대 이후의 세계는 도시를 중심으로 재편되었고 도시는 사람들이 일상생활을 영위하는 터전이 되었습니다. 전 세계적으로 아프리카나 아시아의 저개발국가를 포함하더라도 전체 인구의 절반 이상이 도시에 거주하고 있습니다. 잘사는 나라일수록 인구의 도시 거주 비율이 높은데, 우리나라도 2014년 국토교통부 통계에 따르면 전체 인구의 91%가 도시에 거주하고 있습니다.

대다수의 사람들이 도시에 거주하면서 근대 도시는 사회와 사람들의 삶에 커다란 변화를 가져왔습니다. 이러한 변화를 우리는 크게 세 가지 혁명으로 이야기합니다.

그것은 공간혁명, 시간혁명, 소비혁명입니다.

공간혁명

거대한 유기체와 같은 도시가 탄생했습니다. 도시는 하나의 전체이며 그 안에 다양한 구역들과 상이한 기능들이 상관관계를 이루며 배치되어 있습니다. 상업지역과 주거지역이 분리되었고 학교, 공원, 박물관, 병원, 관공서, 은행과 같은 공적 공간이 확대되었습니다. 도시 공간의 재구성에서 가장 중요한 목표는 자본, 상품, 인력의 원활한 순환입니다.

국가 또한 도시를 중심으로 재편되었습니다. 도시와 도시를 잇는 철도와 도로가 거대한 네트워크를 형성하고, 이 네트워크 속에서 각 도시들의 역할이 기능적으로 배분되어 있습니다. 이제 국가는 자신이 가진 자원을 최대한 효율적으로 관리하고 사용할 수 있게 되었습니다.

더 나아가 대도시들은 국가와 국가를 이어주는 국제 네트워크를 구성합니다. 국가 간의 자본, 상품, 인력 교류는 각 국가의 주요 도시들을 매개로 이루어집니다. 각 지역의 주요 도시를 모두 연결하면 하나의 세계가 만들어지는 것입니다. 그래서 오늘날 대부분의 입국 심사는 해당 국가의 국경이 아니라 대도시에 위치한 공항의 입국장에서 진행됩니다.

시간혁명

인류는 처음 지구상에 나타난 이래로 해가 뜨면 일어나 활동하고 해가 지면 잠이 드는 생활을 수백만 년간 지속해왔지만 대도시의 등장 이후 24시간 영업하는 상점들이 늘어나고 한밤중에도 거리는 사람들로 북적입니다.

도시의 시간에서 계절 혹은 밤낮의 변화와 같은 자연의 리듬이 사라져버린 것입니다. 그 대신 도시의 시간은 시계의 똑딱거림이 만들어내는 기계적인 반복의 보편적 리듬에 지배받게 되었습니다. 사람들의 일상생활은 자연의 리듬이 아니라 시계 문자판의 12개 숫자에 맞춰 움직이게 됩니다.

도시에서 시간이란 곧 경쟁력을 의미하며 그래서 더 객관적이고 더 세분화된 근대적 시간 관념이 만들어졌습니다. 근대적 시간이 자본 순환의 획기적 단축과 재화 유통 속도의 증대에 크게 기여하면서 시간이 이윤을 생산하게 된 것입니다. 시간은 곧 돈이라는 관념이 아주 당연하게 사람들에게 받아들여졌고 일정표, 플래너 등 시간을 관리하는 기술도 발달했습니다.

도시에 사는 사람들의 삶은 자연환경의 제약으로부터
과거만큼 많은 영향을 받지 않게 되었지만 대신 시간의
굴레에 점점 더 깊이 얽매이게 되었습니다.

도시인들은 시간에 대한 강박증과 함께
언제나 시간에 쫓기는 삶을 살게 된 것입니다.

소비혁명

'시市'는 본래 시장을 지칭하는 단어입니다. 시가 도시의 의미를 가지게 된 것은 근대 도시가 처음부터 시장을 기반으로 형성되고 발전해왔기 때문입니다. 상품을 구입해 소비하는 것은 도시를 성장시키는 주요한 동력입니다.

전통사회에서 소비란 생존에 필요한 것을 사용하는 행위였지만 근대 도시에서 소비는 욕망을 해소하는 의미를 가집니다. 근대 자본주의는 사람들의 욕망을 만들어내고, 욕망은 소비를 부추기고, 소비는 도시를 성장시킵니다.

도시의 삶은 언제나 소비의 유혹과 함께합니다. TV나 인터넷을 켜면 쏟아져 나오는 수많은 광고, 끊임없이 걸려오는 광고 전화와 문자들, 거리 곳곳을 채운 커다란 광고판들. 심지어 원하든 원치 않든 거리의 개개인 역시 광고 매체의 역할을 수행합니다.

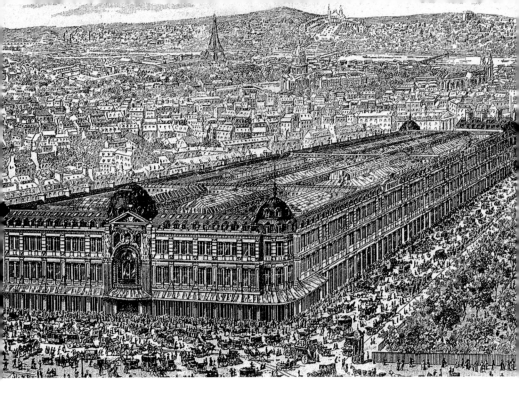

도시인들은 누구나 옷, 신발, 가방 혹은 여러 소지품을 통해 다른 사람들에게 상표를 노출합니다. 나도 모르는 사이에 나는 내가 입은 옷을, 내가 신은 신발을, 내가 든 가방을 광고합니다. 이처럼 끊임없이 욕망을 생산하는 광고와 이미지의 속삭임들 속에서 도시의 사람들은 생존을 위해 생산하는 삶 대신 소비를 위해 생존하는 삶을 살아가게 됩니다.

오스만 남작의 파리 개조사업 이후 파리 시내에는 전에 없던 아주 새롭고 특별한 장소가 생겨납니다. 세계 최초의 백화점이 등장한 것입니다. 파리에서 상점을 운영하던 부시코Boucicaut 부부가 파리 재정비 구역 가운데 상업지구의 일부를 할당받아 봉마르셰Au Bon Marché 백화점을 개장합니다. 1852년 건물을 완공하면서 최초의 백화점이 모습을 드러냈습니다.

백화점은 선풍적 인기를 끌었고 이후 유럽 각국에서 근대적 대도시가 생겨날 때마다 그 도시를 대표하는 백화점이 하나둘씩 생겨납니다. 우리나라에서도 일제 강점기 서울이 근대 도시로 재정비되면서 일본 자본에 의해 미쓰코시三越 백화점이 명동에 처음 문을 열었습니다.

왜 하필 백화점은 19세기 후반
파리에서 처음 등장했을까요?

Mitsukoshi Department Store, Keijo.
京城名所（三越百貨店

백화점은 근대 도시의 산물이기 때문입니다.

근대 도시가 가져온 새로운 변화들의 총집결체가 바로 백화점입니다. 백화점 건물은 그 자체로 하나의 상업지구입니다. 외관만 보면 여러 상점들이 하나의 건물에 모여 있는 것과 같습니다. 하지만 내부는 그 이상의 의미를 가집니다. 백화점에서는 전 세계의 상품이 판매되고 있습니다. 우리가 직접 뉴욕, 파리, 밀라노 혹은 아프리카에 가지 않더라도 각 지역의 유명한 상품들을 백화점에서 구입할 수 있습니다.

또한 백화점은 자연적 시간의 리듬과 완벽하게 차단되어 있습니다. 오늘날 모든 백화점은 외부의 빛이 전혀 들어오지 않는 완전 밀폐형 건물입니다. 그래서 우리는 백화점에 들어가면 자연적인 시간의 흐름을 감지하기 어렵습니다.

시간에 쫓기지 않고
쇼핑에만 몰두할 수 있는 환경을
백화점 건물 구조가 제공하고 있습니다.

무엇보다 백화점은 소비 욕망을
불러일으키는 최고의 장치입니다.

사실 백화점에서 파는 상품들은 삶에 꼭 필요한 것이
아닙니다. 단지 욕망을 해소하는 상품들일 뿐입니다.
백화점은 사람들의 소비 욕망을 최대한 끌어내어 지갑
을 열도록 만듭니다. 소비 욕구 자극하기는 19세기 파
리 봉마르세 백화점이 처음 문을 열었을 때부터 백화점
의 핵심 전략이었습니다.

우선 부시코 부부는 정찰제를 도입하여 흥정에 서툰 여성들의 호감을 얻었습니다. 백화점에서 주로 파는 상품은 레이스 달린 여성 속옷이나 장신구처럼 여성들의 소비 욕구를 쉽게 자극할 수 있는 것들이었습니다. 상품을 그냥 쌓아놓지 않고 늘씬한 마네킹에 입혀 전시한다든가, 실제 모델들을 고용해 고객들을 대상으로 패션쇼를 열기도 했습니다.

백화점 건물을 지을 때도 일부러 입구를 좁게 만들어 밖에서 봤을 때 항상 인파가 몰려 있는 것처럼 보이도록 했습니다. 건물 내부는 넓고 여유 있게 만들어 편안한 상태에서 쇼핑을 하도록 구성했습니다. 오늘날의 백화점에서도 그대로 이어지고 있는 봉마르셰 백화점의 전략은 소비 자본주의 시대의 본격적인 개막을 알리는 신호탄이었습니다.

사람들은 도시의 삶을 동경합니다.
도시는 처음 생겼을 때부터 주변의 사람들을 끄는
힘을 가지고 있었습니다.
오늘날에도 전 세계적으로 도시 거주 인구의 비율은
꾸준히 높아지고 있습니다.

사람들은 왜 도시에 살고 싶어 할까요?

도시는 사람들의 삶의 질을 비약적으로 향상시켰습니다.
초기 근대 도시는 단기간에 많은 사람들이 몰리면서
전염병에 취약했지만 오히려 그 때문에
도시 행정을 책임지는 사람들은 위생문제를
가장 중요하게 생각했습니다.
상하수도 시설을 확충하고
병원과 공공보건소를 설치하고
거리 방역과 청결에 많은 노력을 기울였습니다.

도시 각 구역의 효율적인 배치는 도시인들의 삶을 편리하게 만들었습니다. 학교, 공공도서관, 미술관, 박물관 등은 도시인들의 지적 수준을 획기적으로 높여주었습니다. 여러 문명의 이기들을 가장 먼저 접할 수 있는 곳도 도시입니다. 도시인들은 기술 발전의 혜택으로 자신이 가용할 수 있는 시간을 더 가지게 되었습니다. 무엇보다 도시의 가장 큰 매력은 세련되고 화려한 외관입니다. 그 모습은 항상 사람들의 마음을 자극하고 빨아들이는 신비한 힘을 가지고 있습니다.

근대 도시의 탄생

295

그렇지만 도시의 삶이
모두 화려하고 행복한 것은 아닙니다.
오스만 남작이 파리를 근대 도시로 재편할 때
가장 먼저 했던 일은 노동자와 빈민들의 주거지를
도시 외곽으로 격리시키는 것이었습니다.
오늘날에도 모든 도시들은 내부의 보이지 않는
경계선을 가지고 있습니다.

최상층 부자들의 고급 주택지가 따로 존재하며 또 한편
에는 하층민들의 슬럼이 형성되어 있습니다. 슬럼은 일
반적으로 작고 노후한 주택들이 밀집되어 있고 채광,
통풍과 같은 주거 조건과 도로, 배수시설, 상하수도 등
의 생활환경이 불량합니다. 교육과 문화 혜택도 다른
지역에 비해 부족하며, 치안도 불안하여 범죄 발생률이
매우 높은 지역이기도 합니다.

도시에 관한 연구들에서 가장 많이 언급되는 주제 중 하나는 바로 개인주의입니다. 특히 대도시에서는 전통적인 관습과 관성에서 벗어나 이성적이고 합리적인 삶이 가능합니다. 무수히 많은 사람들 사이에서 익명성이 보장되며 그만큼 자유로울 수도 있습니다. 주변 사람들과 내가 원하는 만큼의 관계만을 맺을 수도 있습니다. 그래서 내가 자주 가는 식당의 주인이 내가 어떤 음식을 좋아하는지 기호와 취향은 잘 알지만 정작 내 이름은 무엇인지 모르는 경우도 있습니다.

그러나 사람들 간의 비인격적 관계와 그로 인한 자유로움이 편리한 만큼 도시인들은 정서적 단절로 인한 고독과 소외 속에서 살아가게 됩니다. 대도시에서는 1인 가구의 비율과 자살률이 함께 증가합니다. 이러한 환경 속에서 사람들은 자신을 지키기 위해 두 가지 태도를 자연스레 익히게 됩니다.

첫째, 타인의 삶과 외부 세계에 대한 '둔감함'입니다.

외부에 대해 신경을 끄고 스스로를 차단해버리면 인간 관계로 인해 상처받을 일도 줄어들게 됩니다.
둘째, 자신의 '속내 감추기'. 생존을 위해 다른 사람들과의 관계를 어쩔 수 없이 유지할 경우에도 자신의 진솔한 감정은 노출하지 않습니다. 감정 교감의 실패로 인한 스트레스를 줄이기 위해서입니다.

도시인들은 사람들 간의 관계를 줄이는 대신 그 빈자리를 사람이 아닌 대상과의 관계로 메우려 합니다. 애완동물을 기른다든가 혼자 즐길 수 있는 취미를 갖는다든가 아니면 사이버상에서 익명의 대상과 제한적이고 단기적인 관계를 갖기도 합니다. 감각적 쾌락을 추구하고 물질적 소비를 통해 삶의 외로움을 잊으려 하는 것도 흔히 볼 수 있는 도시인들의 모습입니다.

현대 세계는 도시의 세계입니다.

도시는 우리에게 탄생과 죽음의 장소, 생업의 터전,
삶의 무대입니다.
특히 도시는 각종 교통수단, 치안조직,
유흥시설 등 근대 이전까지 인류가 경험해보지 못했던
편의를 우리에게 제공하고 있습니다.
그 어느 시대보다 대도시의 현대인은 혜택받은 삶을
살고 있는 것처럼 보입니다.

그렇지만 도시는 사람들이 일방적으로 이용하는 수동적 대상이 아닙니다. 도시는 스스로 움직이는 공간입니다. 근대가 생산한 많은 것들과 마찬가지로 도시는 거대한 기계장치와 같습니다. 도로와 상하수도, 전기 공급망과 통신망, 버스와 지하철 등의 대중교통시스템을 기반으로 벌집처럼 구조화된 사무실 빌딩과 상가, 주거용 주택이 기능에 따라 배치되어 있고 그 안에서 사회를 움직이는 자본과 노동력이 효율적으로 순환하고 있습니다. 이 거대한 순환의 메커니즘이 현대인의 물질적 삶과 정신적 삶을 조직합니다.

도시가 만들어내는 삶의 모습은 근대 이전의 인류사에는 없던 것입니다. 도시는 사람들을 자유롭게 만들지만 또한 전통적인 관계들로부터 고립시키기도 합니다. 도시의 현대인들은 합리적이고 이성적이지만 그만큼 계산적이고 자기중심적이기도 합니다. 도시는 사람들을 개인주의적으로, 더 나아가 이기적으로 만들기도 합니다.

사회가 발전하면서 도시는 점점 더 확장될 것이며 도시가 사람들에게 미치는 영향력도 따라서 커질 것입니다. 도시의 삶 속에서 인간이 인간답게 산다는 것은 무엇일까요?

07

동쪽으로 온 파도

동아시아의 근대 대응

$$}{$$

동아시아로 근대가 올 때 점잖게 오지 않았다. 근대는 동아시아 인들이 감당하기 힘든 엄청난 힘으로 밀려왔다. 서구의 근대적 가치는 동아시아에서 아직도 강력한 힘으로 작용하고 있지만 그 새로운 문명을 받아들여 적극적으로 이해하고, 자신의 사회에 적용해간 힘이 동아시아의 뿌리 깊은 사회문화적 전통에서 나온 다는 사실 역시 중요하다.

바다 한가운데 떠 있는 배에서 큰불이 났다는 소문은 삽시간에 퍼졌다. 호기심을 주체하지 못한 몇몇 어부가 그 광경을 자세히 보기 위해 높은 언덕으로 올랐을 때 그들의 눈에 들어온 것은 화마에 휩싸인 배가 아니었다.

그것은 검은 연기를 내뿜으며 맹렬한 속도로
항구에 들어서는 검은 배의 무리였다.

힘겹게 유지되던 중세적 질서를 크게 뒤흔들어놓은 사건.

'흑선의 출현'

국인 페리Matthew Calbraith Perry 제독이 이끄는 함대의 증기선은
당시 일본의 배보다 약 10~20배 정도 컸고, 일본인들은 예상치
못한 미국 함대의 등장에 크게 당황했다.

미국과 조약 체결을 둘러싸고 벌어진 갈등에서 당시
지배 세력인 막부가 패배하면서 들어선
'메이지 정부' 는 일본 근대화의 신호탄이었다.

1874년에 제작된 일본의 니시키에錦繪(다색 목판화)는
당시의 혼란상을 지옥에 비유하고 있다.
서양식 복장을 한 한 노파가 서구의 문물을 들고
지옥의 지배자인 염라대왕을 향해 접근하고 있는
모습이 무척 인상적이다.

19세기 일본 회화는
미국의 흑선을 바다 괴물처럼 그렸다.
페리 제독 역시 괴물을 닮은
두려운 존재로 형상화했다.
그것은 서구 세력의 등장이
그만큼 두려웠다는 것을 의미한다.

서구인들은 왜
이 시기에 동양에 나타났을까?

그들의 등장이 동양 세계에
미친 영향은 무엇일까?

한중일 세 국가는 동쪽을 향해 온
근대의 파도에 어떻게 대응했고,
그 과정을 통해 이들 국가가 어떻게
중세에서 근대로 이행했을까?

18세기 영국에서 시작된 산업혁명은
유럽 사회에 혁명적인 변화를 가져왔습니다.
기계의 등장으로 유럽 사회는
농업과 수공업에 기초한 경제에서
공업과 기계를 사용하는 제조업 중심의
경제로 빠르게 재편되었습니다.

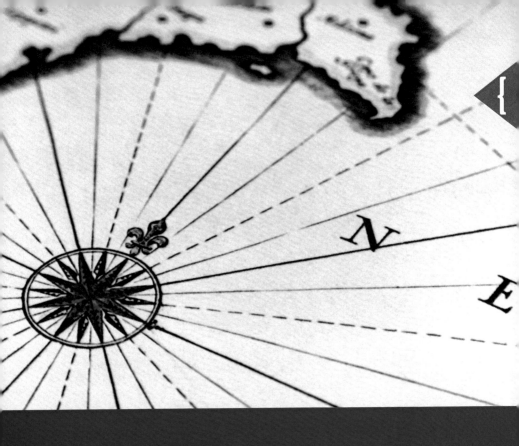

상품의 대량 생산은 바야흐로
풍요의 시대를 예고했습니다.
하지만 유럽인들은 이 물질적 풍요가
오래 지속되기 위해서는 무언가가 필요하다는
것도 알고 있었습니다.

나는 어제 런던의 실업자 집회에 참석하였다. 그곳에서 빵을 달라 외치는 실업자들의 이야기를 듣고 제국주의의 중요성을 확신하였다. (…) 나의 포부는 사회문제 해결이다. 우리 식민지 정치가는 대영제국의 4천만 인구를 피비린내 나는 내란으로부터 지키고 과잉 인구를 수용하기 위한 새로운 영토를 개척해야 한다고 생각한다.

—세실 로즈Cecil John Rhodes

기술의 변화는 상품의 대량 생산을 가져왔지만 동시에 소비의 속도 역시 그에 비례하여 증가했습니다. 산업혁명은 자연스럽게 자원전쟁으로 이어졌습니다.

그러니까 문제는 이것이었습니다. 어떻게 하면 더 많은 생산과 소비의 혜택을 누릴 수 있을까? 그것은 곧 어떻게 자원을 값싸게 구할 것인가의 문제였습니다. 이 질문의 해답을 찾기 위해 유럽인들은 일제히 유럽 바깥 세계로 눈을 돌리기 시작했습니다. 그들은 앞다투어 아시아로, 아프리카로, 유럽의 손길이 닿지 않은 곳으로 배를 몰았습니다.

가자! 약속의 땅, 아시아와 아프리카로!

유럽인들은 싼 가격으로 원료를 가져올 수 있고, 비싼 가격으로
상품을 판매할 수 있는 최상의 지역을 찾아내어 자신들의 깃발을
꽂기 시작했습니다. 그들은 그곳을 식민지라 불렀습니다. 이때
시작된 유럽 국가들의 식민지 쟁탈전은 세계대전으로 중단될 때
까지 지속됩니다.

당시 유럽인들에게 아시아와 아프리카는 값싼 원료의 안정적 공
급지이자 잠재적 시장일 뿐이었습니다. 하지만 바다를 가로질러
아시아와 아프리카에 도착한 유럽인들은 자신들의 탐욕을 감춘
채 '문명' 전파를 강조했고, '교역'을 제안했습니다. 당시 유럽인
들이 비유럽 지역을 어떻게 생각하고 있었는지는 대표적인 식민
주의자 몇 사람의 목소리를 들어보면 알 수 있습니다.

"신은 내가 아프리카의 최대한 많은 지역을
영국을 상징하는 붉은색으로
바꾸길 원하실 것이다."

─세실 로즈

"미국과 러시아의 평원은 우리들의 밭이며, 시카고나 오데사는
우리들의 곡물창고다. 캐나다와 북유럽엔 우리들의 목재용 삼림
이 있고, 우리들의 소는 아르헨티나의 목장에서 기르고 있으며,
오스트레일리아 목장에서는 우리들의 양모를 깎고 있다. 지중해
의 포도(와인), 중국의 차와 비단, 서인도의 사탕, 브라질의 커피
는 우리를 위해 만들어지고 있다. 인도, 아메리카, 이집트, 기타
세계의 모든 변화는 우리들 공장의 원료가 되고 있다. 우리들의
공장으로부터 출하되는 제품은 전 세계로 팔려나가고, 그것들을
결산하는 것은 우리들의 캘리포니아와 오스트레일리아의 금, 페
루의 은이다." ─영국 경제학자 윌리엄 스탠리 제번스William Stanley Jevons

동아시아인들에게 '근대'는 결코 평화롭게 오지 않았습니다. 그들에게 '근대'는 바다의 높은 물결만큼이나 감당하기 힘든 힘으로 들이닥쳤습니다. 아시아인들에게 '근대'는 그때까지 안정적으로 유지되던 봉건사회의 근간이 뿌리째 뒤흔들리는 진통과 함께 시작되었습니다. 동아시아 국가들 가운데 이 역사의 파도를 맨 처음 맞은 것은 섬나라 일본이었습니다.

19세기 후반 석유가 등장하기 이전에는
고래가 중요한 자원이었습니다. 고래 한 마리를 잡으면
등유는 물론 윤활유, 의약품, 화장품의 원료까지
얻을 수 있었기 때문입니다.

허먼 멜빌Herman Melville의 《모비 딕Moby Dick》은 바로
이 고래산업 시대를 배경으로 한 소설입니다.

미국인 페리 제독 역시 고래를 찾다가 일본에 왔습니다. 당시 미국은 세계 최대의 포경 국가였죠. 미국은 19세기에 대서양에서 태평양을 횡단하는, 유럽과 동아시아를 연결하는 항로를 개척했습니다. 이 태평양 항로를 편리하게 이용하고 태평양에서 안정적으로 고래를 잡기 위해 항구가 반드시 필요했습니다.

1853년 7월 8일 일본 앞바다에 페리 제독이 이끄는 네 척의 함선이 나타나 개항을 요구했습니다. 일본 사람들은 이 배를 '흑선'이라 불렀는데, 그중 한 배의 최대 무게는 3,272톤으로 당시 일본 배의 스무 배가 넘었습니다.

일본인들에게는 상상을 초월하는 크기의 배가 나타난 것 자체가 공포였습니다. 1620년대 이래 도쿠가와 막부는 서양인들을 야만인으로 규정하고 서구와의 교류를 일절 허락하지 않으며 강력한 쇄국 정책을 유지하고 있었습니다.

물론 예외가 없지는 않았습니다. 나가사키항에 있는 네덜란드인의 주거지 데지마出島가 그것입니다. 도쿠가와 막부가 통치하던 200년 동안 이곳은 유럽과 연결된 유일한 공간이었습니다. 하지만 막부는 이곳마저도 일본과 철저하게 분리하는 정책을 유지했습니다.

도쿠가와 막부는 예상치 못한 함선의 등장에 당황했습니다. 당시는 영국이 중국과의 아편전쟁에서 승리해 양쯔 강 북방까지 중국의 항구들이 개방된 상태였기에 서구 열강의 요구를 무작정 거절할 수도 없었습니다. 당황한 도쿠가와 막부는 페리 제독에게 1년의 유예기간을 요구했습니다. 생각할 시간이 필요했던 것입니다.

하지만 국론을 모으고 전쟁을 대비하기에 1년이라는 시간은 너무 짧았습니다. 1년 뒤, 페리 제독이 다시 왔을 때 별다른 해결책을 찾지 못한 도쿠가와 막부는 개항을 결정합니다. 미국에 개항한 이후 일본은 영국, 러시아, 네덜란드, 프랑스 등의 열강들과 차례로 통상조약을 체결했습니다.

그런데 막부의 이런 행동에 반대하는 세력이 등장해
막부 정부와 반反막부의 대립이 격화되었습니다.

이 싸움에서 승리한 반막부 세력은 1867년 16세의 나이로 즉위
한 메이지 천황을 내세워 막부의 폐지와 왕정복고를 공표합니다.
메이지 천황을 중심으로 한 신정부가 수립된 것입니다. 역사는
이 사건을 메이지 유신이라고 기록합니다. 메이지 신정부는
1868년부터 신분제를 철폐하고 토지와 조세제도를 개편하는 개
혁을 단행했고, 수도를 도쿄로 옮기는 등 근대 국가의 모습을 갖
추기 시작했습니다.

메이지 유신 시기에 정부 요인이 아닌 민간인으로서 가장 큰 영향력을 행사한 지식인이 한 사람 있었습니다. 그가 바로 일본 근대화의 아버지라고 불리는 후쿠자와 유키치福澤諭吉입니다. 그는 일본 화폐 1만 엔권의 초상 인물이기도 합니다.

후쿠자와는 일찍부터 서세동점西勢東漸의 기류를 일본이 받아들여야 한다고 주장했습니다. 그는 1860년 막부 견외사절로 미국과 유럽을 순방하고 돌아온 뒤《서양사정西洋事情》(1866)이라는 견문록을 집필하여 일본이 서양 문물을 받아들여 독립 문명국의 길로 나서야 한다 주장했습니다. 그는 최초의 사립대학을 만들어 근대화를 이끌어갈 후학을 기르는 데 힘썼습니다.

후쿠자와가 쓴《학문의 권유學問のすすめ》(1872)와《문명론의 개략
文明論之槪略》(1875)은 메이지 유신 시기의 문명개화론을 축약해서
보여주는 책입니다. 이 책들에서 후쿠자와는 문명은 야만에서 미
개로, 미개에서 문명으로 발전한다는 문명사관을 주장했는데, 훗
날 이 주장은 조선 침략의 근거가 되기도 했습니다.

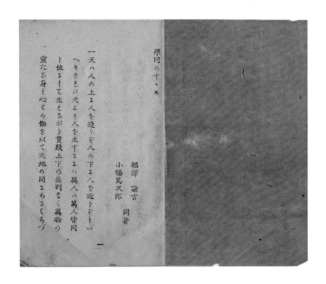

후쿠자와는 조선과 중국을 가리켜 이렇게 말했습니다.
"지금의 중국과 조선은 일본에 전혀 도움이 되지 않는다.
뿐만 아니라 서양 문명인의 눈에는 세 나라가 지리적으로 가까이
있어서 중국과 조선을 평가할 때도 일본과 동일하게 본다."

"나쁜 친구와 친하게 지내는 자는 더불어
악명을 피할 수 없다. 나는 진심으로 아시아 동방의
나쁜 친구를 사절한다."

후쿠자와는 조선과 중국을 '서양인이 대하는 방식'에 따라 처리해야 한다고 주장했습니다. 한발 앞서 서양 문명을 받아들인 일본인들이 어느덧 유럽인의 시선으로 아시아 국가를 바라보기 시작한 것입니다. 그들은 아시아 국가를 대할 때 유럽의 제국처럼 행동하기 시작했습니다.

일본이 유럽인의 눈으로 조선과 중국을 바라보면서
동아시아의 국제질서에는 엄청난 변화가 생겼습니다.

어떤 변화였을까요?

그것은 '아시아주의'를 내세워 중국과 조선을 강제로 병합하는 일이었습니다. 당시 일본은 아시아의 여러 나라를 침략하면서 서양과 백색 인종에 대한 공포를 강조했습니다. 이러한 서세동점에 맞서기 위해 아시아 국가들이 연합해야 하며, 아시아의 최강국인 일본이 그 중심이어야 한다는 주장이었습니다.

일본의 식민지 지배는 1895년 청일전쟁에서 승리해 중국으로부터 대만을 할양받으면서 시작되었습니다. 일본은 을사늑약(1905)과 한일병합(1910)을 통해 조선의 국내 통치권과 외교권을 장악하는 방식으로 조선을 식민지로 병합했습니다. 그리고 1931년에는 만주사변을 일으켜 '만주국'을 건국하여 일본제국의 자원공급지이자 경제시장으로 삼았고, 1937년에는 중국 본토를 정복하기 위해 중일전쟁을 일으켰습니다.

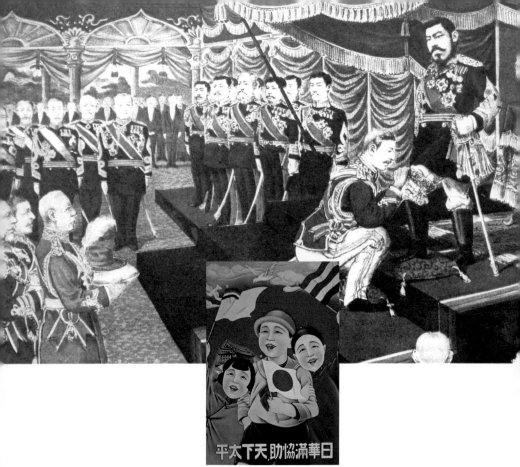

엄격한 분리 정책을 유지한 유럽의 식민지 정책과
달리 일본은 아시아 여러 국가에 통합 정책을 펼쳤고,
아시아주의를 내세워 아시아가 운명공동체임을
강조했습니다.

하지만 일본이 주장한 아시아주의란
실상 천황에 대한 충성 강조,
즉 일본주의의 다른 표현일 뿐이었습니다.

이것이 일본의 아시아주의에
정작 '아시아'는 없고 '일본'만 존재하는
이유입니다.

한 가지 분명한 사실은 일본이 아시아 여러 국가를
식민지화함으로써 원료공급지와 시장을 확보하여
급속 성장할 수 있었다는 것입니다.
그들이 주창한 문명개화나 운명공동체라는 표면적
이데올로기와는 다르게 말이지요.

중국인에게 '근대' 경험은 한층 더 가혹했습니다. 근대 이전의
중국은 세계 여러 나라들 가운데 한 나라가 아니라, 스스로를 세
계의 중심이라 자부할 만큼 명실상부한 '제국'이었습니다.

그런 중국이 19세기 중반 두 차례의 아편전쟁을 시작으로 열강의
위협에 끊임없이 시달려야 했습니다. 제2차 아편전쟁 후에는 영
국, 미국, 프랑스, 러시아의 공사公使가 베이징에 상주하게 되었
습니다. 중국은 주변의 조공국을 모두 잃어버리고, 개방을 요구
하는 열강의 요구에 힘겹게 맞서야 하는 초라한 처지가 되고 말
았습니다.

문제는 열강의 침략만이 아니었습니다. 내부적으로는 아편전쟁으로 인한 물가폭등 등 사회적 어려움과 반청 감정이 싹터 태평천국운동(1851~1864), 양무운동(1862~1894) 같은 반봉건적 사회개혁운동이 등장했습니다.

19세기 말에는 청일전쟁의 패배와 열강의 이권 침탈 때문에 변법자강운동(1898)과 의화단운동(1899~1901) 등이 발생했습니다. 이처럼 19세기 내내 중국(청)은 거듭 쇠퇴와 몰락의 길을 걸었습니다. 이는 강력한 중앙집권화를 통해 일찍 근대 국가로 발돋움하는 데 성공한 일본과는 무척 대조적이었습니다.

1895년 중국의 근대 사상가 옌푸嚴復는 중국을 이렇게 표현했습니다.

"국가는 인간의 신체에 비유할 수 있다. 오늘날, 육신의 안락을 탐하면 쇠약해지고 노고를 거듭하면 강해진다는 말이 당연한 이치로 되어 있다. 그러나 만일 병부病夫에게 날마다 한도를 지나치게 초과하는 일을 하게 해서 강해지기를 구한다면, 그 병부의 죽음을 앞당길 뿐이다. 지금 중국은 아직 그런 병부와 같은 상황이다."

중국 최초의 영국 유학생인 옌푸는 중국이 스스로 강해지려면 서양의 사상을 적극적으로 받아들여야 한다고 주장했습니다. 그래서 그는 서구의 사상적 원천에 해당하는 저서들을 중국어로 번역해 소개하고, 계몽운동을 펼치며 중국의 근대화에 이바지했습니다. 그런 그의 눈에 19세기 후반의 중국은 '병부', 즉 질병을 앓고 있는 환자처럼 보였던 것입니다. 그가 지적한 중국의 '병'은 서구 열강의 침략이 아니라 '아편'과 '전족' 같은 중국 내부의 문제였습니다.

봉건적인 한계를 극복하고 근대 국가로 나아가려는 중국인들의 자발적인 노력이 없었던 것은 아닙니다. 이를테면 농민들이 봉건사회의 모순을 타파하기 위해 태평천국운동을 일으켰을 때, 그것을 진압한 관료들 역시 부국강병을 위해서는 서양의 과학기술을 수용해야 한다고 생각했습니다. 그래서 그들은 군수 공장과 무기제조소, 조선소 등을 서둘러 세웠습니다. 하지만 '중체서용中體西用'에 기초해 이루어진 서양 문물의 수용에는 분명한 한계가 있었습니다. 청일전쟁의 패배가 그 증거입니다.

훗날 중국의 현대 사상가 리쩌허우李澤厚는 중체서용을 이렇게 비판했습니다.

"엄격히 말해 '체'는 사회 존재의 본체, 즉 현실적 일상 생활일 때 근본·기초·출발점이 될 수 있다. 이러한 근본을 경시하거나 이것을 떠나서 체용과 중서를 이야기하는 것은 모두 위험한 일이다."

19세기 후반 중국에서 진행된 정치적 변화는 '양무-변법-혁명'의 과정으로 설명됩니다. '양무'란 중체서용이 설명하듯 무기 등의 실용적인 발명품에 한정해서 서양의 가치를 인정하는 것입니다. 청일전쟁에 패배함으로써 양무의 한계를 깨닫고 정치와 사상에서 개혁이 시도된 것이 곧 '변법'입니다. '변법'이란 낡은 법을 바꾸는 것을 말합니다. '양무'가 개혁의 대상을 무기나 기술에 한정함으로써 청나라의 봉건 왕조를 그대로 유지하는 것이었다면, '변법'은 경제, 사회, 정치, 문화 등의 전 분야를 바꾸는 개혁이었습니다.

이 운동을 주도한 캉유웨이康有爲는 일본의 메이지 유신을 모델로 삼아 의회제를 도입하려 했습니다. 하지만 이 개혁운동은 서태후西太后를 비롯한 보수적인 관료층의 반발로 저지되었고, 이 운동을 주도한 캉유웨이를 비롯한 개혁파 세력은 일본으로 망명하거나 처형되었습니다.

개혁운동이 실패하고 정치가 혼란에 빠지자 외세의 침략이 본격화되었습니다. 자연스럽게 민중들 사이에서 외세를 배척하는 감정도 생겨났습니다. 의화단운동이 그것입니다. 청 왕조는 이 세력을 이용해 외세를 몰아내려 계획했으나, 오히려 외국 군대가 베이징에 주둔하는 결과를 불러오고 말았습니다.

이에 쑨원을 비롯한 지식인들이 중국이 살아남기 위해서는 청 왕
조를 타파해야 한다며 삼민주의를 앞세운 혁명을 도모합니다. 그
리고 1911년 신해혁명이 성공하여 마침내 청 왕조와 만주국이 무
너지고 최초로 중화민국이 수립됩니다.

혁명은 성공했으나, 위안스카이袁世凱와 쑨원의 협력관계는 매우
위태로웠습니다. 신해혁명 이후 중국은 내각제를 채택하여 선거
를 치렀는데, 이 과정에서 위안스카이의 사주를 받은 사람에 의
해 국민당의 당수 쑹자오런朱敎仁이 암살되는 사건이 발생합니
다. 이에 쑨원은 위안스카이에게 반기를 들어 혁명을 모의하나
실패로 끝나 또다시 일본으로 도피하는 신세가 됩니다.

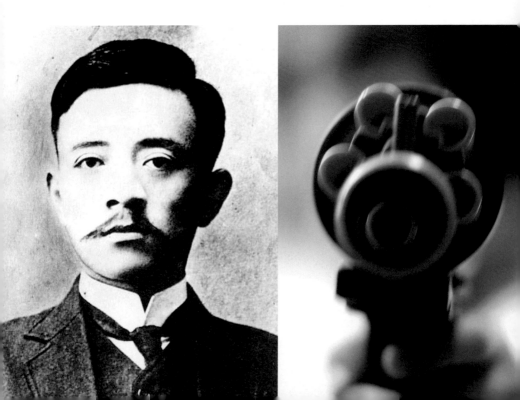

권좌에 오른 위안스카이는 신해혁명의 대의를 외면하고 자신을 중심으로 한 새로운 왕조를 꿈꾸었습니다. 그는 새로운 황제가 되고 싶어 했습니다. 그래서 그는 국민당을 해산시키고 제국주의 열강과 결탁하는 길을 선택합니다.

하지만 그의 꿈은 오래가지 못했습니다. 내외부의 저항에 시달리던 그는 1916년 갑작스럽게 죽음을 맞이합니다. 위안스카이가 죽은 후 중국은 지방별로 군벌이 장악하는 시대가 도래합니다. 이 과정에서 쑨원 역시 중국 남부 지역을 통치합니다. 그리고 군벌과 대결하기 위해 그 유명한 제1차 국공합작을 합니다.

The Flag of the
Chinese Republic.

YUAN SHIK K'AI.
First President of Chinese Republic.

러일전쟁(1904~1905)에서 일본의 승리는 중국인들에게 또 다른 자극이 되었습니다. 당시 중국인들은 러시아에 대한 일본의 승리를 전제에 대한 입헌의 승리로 간주했습니다. 여기저기에서 입헌군주제로 나아가야 한다는 주장이 제기되기 시작했습니다. 여기에는 황족들의 목소리도 있었습니다.

그들은 입헌군주제를 통해 황제의 지위를 강화하고 청 왕조를 보존하려 했습니다. 그래서 그들은 황제의 권한이 의회의 권한을 능가하는 방식의, 변칙적인 입헌군주제를 도입하려 했고, 이것은 많은 정치 세력의 불만을 증폭시켰습니다.

신해혁명을 이끈 것은 중국 국민당의 창시자이자 중국 근대화를 선도한 쑨원이었습니다. 쑨원은 1866년 중국 남부의 가난한 농민의 아들로 태어났습니다. 1879년 형을 따라 하와이로 건너가 공부했고, 홍콩의 대학에서 의학을 전공했습니다. 그는 청 왕조에 반대하여 1895년부터 1911년까지 열 차례나 무장봉기를 일으켰지만 모두 실패했습니다. 1895년 광저우의 무장봉기에 실패한 후 16년 동안 해외망명생활을 하다가 신해혁명이 성공한 후 중국으로 돌아와 임시 총통에 선출됩니다. 하지만 자신의 정치적 기반이 취약함을 깨닫고 권좌를 위안스카이에게 넘겨줍니다.

중국의 근대화 과정에서 등장한 또 하나의 변수는 공산주의입니다. 1910년대에 중국에서는 두 가지 커다란 사건이 발생합니다. 신해혁명과 5·4운동이 그것입니다. 이 무렵 위안스카이의 독재에 반대하는 지식인들이 등장하기 시작합니다. 1915년에는 천두슈陳獨秀와 후스胡適가 잡지 〈신청년新靑年〉을 중심으로 신문화운동을 펼칩니다.

한편 제1차 세계대전으로 서구 열강들이 중국에 대해 관심을 기울이지 않자 1915년 일본은 중국 정부에 21개조에 달하는 굴욕적인 내용의 조약 체결을 요구하고 나섭니다. 위안스카이는 이 조약에 서명했습니다. 4년 후, 1919년 파리강화회의에서 이 사실이 알려지자 베이징대학의 대학생과 지식인들이 산둥성의 이권 반환과 군벌 타도를 외치면서 대규모 시위를 조직합니다. 시위는 순식간에 전국으로 번져 노동자들이 파업하고 상점들이 문을 닫는 사태로 진전됩니다. 이에 베이징 정부는 파리강화조약 서명을 거부하게 됩니다. 5·4운동은 중국이 반제국주의·반봉건주의로 나아가는 중요한 분기점이었습니다.

5·4 운동을 주도한 세력은 근대 국가 중국이 어떤 방향으로 나아가야 할지 심각하게 고민했습니다. 고민 끝에 이들은 막 혁명에 성공한 러시아를 모델로 삼아 공산주의의 길을 걷기로 결심하게 됩니다. 이는 당시 베이징대학 주변에 포진하고 있던 지식인 상당수가 유럽의 자본주의적 방식보다는 러시아의 공산주의적 방식을 선호했다는 의미입니다. 이러한 분위기에 힘입어 중국에서는 1921년 공산당이 창당됩니다. 이후 국민당과 공산당은 '근대'에 대한 상이한 모델을 놓고 대립하게 됩니다.

흔히 '근대'를 '서구 근대'라는 말로 표현하기도 합니다. 이 표현에는 '근대 문명'이 유럽, 즉 서양의 전유물이라는 생각이 담겨 있습니다. '근대'가 유럽에서 시작된 것은 사실입니다. 하지만 근대 문명이 세계적인 의미를 얻게 된 것은 그것이 유럽의 바깥으로 확장·전파되었기 때문입니다. 그 확장과 전파의 과정은 많은 충돌을 불러오기도 했지만, 봉건사회가 해결하지 못한 문제들의 해답을 제공하기도 했습니다.

19세기 이래 동아시아의 많은 국가들은 이 서구 근대 문명을 받아들여 사회를 개조하고 새로운 시대에 부응해나갔습니다. 이 과정을 단순히 서구 문명의 승리로 요약할 수는 없습니다. 동아시아인들의 문화적 뿌리는 깊습니다. 서구의 근대적 가치는 동아시아에서 아직도 강력한 힘으로 작용하고 있지만 그 새로운 문명을 받아들여 적극적으로 이해하고, 자신의 사회에 적용해간 힘이 동아시아의 뿌리 깊은 사회문화적 전통에서 나온다는 사실 역시 중요합니다. 이것이 우리가 동아시아의 근대를 공부해야 하는 이유일 것입니다.

1. 말에는 반드시 내용이 있어야 한다.
2. 옛사람을 모방하지 않는다.
3. 반드시 문법을 중시해야 한다.
4. 병도 없이 신음하는 글을 짓지 않는다.
5. 진부한 상투어를 없애는 데 힘쓴다.
6. 전고를 인용하지 않는다.
7. 대구를 따지지 않는다.
8. 속자·속어(백화)를 기피하지 않는다.

—후스 〈문학개량에 관한 소견文學改良芻議〉 중에서

08

한국의 근대 경험

전통사회의 변모

한국 사회는 지난 150년 동안 전무후무한 변화를 겪었다. 경험의 고유성만이 아니라 정도의 면에서도 비교할 만한 다른 예를 찾기 힘들다. 그러나 변화의 과정은 아직 끝나지 않았다. 근대 문명과 처음 맞부딪힌 19세기 말 조선의 지식인들이 느꼈던 위기감과 고민은 지금도 여전히 풀어야 할 문제로 우리에게 남아 있다.

변화는 더 이상 선택의 문제가 아니다!

19세기 동아시아 지역에 밀려온 서구 열강 세력
거대한 변화의 소용돌이에 휘말린 '조선'

더욱이 조선의 곁에는 동아시아 다른 나라보다
발 빠르게 서구식 근대화를 추진하며 제국주의의
야망을 키우고 있는 일본이 있었다.

조선에게 주어진 길은 둘 중 하나
스스로 변화할 것인가?
외부의 변화에 끌려갈 것인가?

하지만 불행하게도 변화를 준비할 수 있는
시간은 그리 많지 않았다.
이처럼 열악한 정세 속에 19세기 말 조선은
근대로의 험난한 여정을 시작하게 된다.

조선의 근대화는 다양한 세력들에 의해 여러 가지 방식으로 진행되었습니다. 여러 세력들이 각기 다른 지향을 가지고 조선을 변화시키려 한 것입니다. 조선의 근대화 과정은 이 세력들이 서로 얽히고, 갈등하고, 투쟁하면서 만들어졌습니다.

우선 조선의 왕 고종의 근대화 노력이 있었습니다. 어린 나이에 즉위한 고종은 아버지 흥선대원군의 그늘에서 오랫동안 벗어나지 못했지만, 성인이 되자 자신이 직접 조선을 통치할 결심을 하고 1873년 친정親政을 선포했습니다. 고종이 친정을 시작하고 가장 열정적으로 추진한 사업이 조선의 근대화였습니다.

일본의 제국주의 세력도 조선의 근대화 과정에 개입했습니다. 일본이 제국주의 국가로 발돋움하기 위해서 가장 먼저 해야 할 일은 조선을 속국으로 삼는 것이었습니다. 이를 위해 일본은 자신들의 이익에 부합하도록 조선 사회의 개조를 시도했습니다.

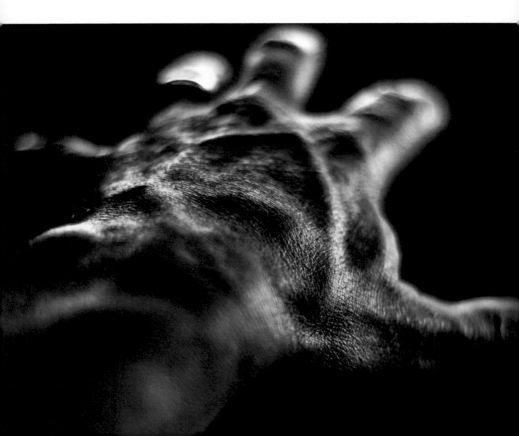

한편에는 일찍부터 서구 문화를 경험하고 그들을 동경했던 조선인들이 있었습니다. 이들은 조선을 변화시키기 위해 혼란한 정국의 중심에 직접 뛰어들었습니다. 당시에는 일본의 앞잡이라는 격렬한 비난을 받기도 했지만 사적인 이익 때문에 일본에 협력한 친일파 인사들과는 분명 구별되는 인물들이었습니다.

이들이 열망한 것은 조선의
'개화開化'였습니다.

근대로의 여정들

고종이 추구한 근대화
일본이 강요한 근대화
개화파가 시도한 근대화

19세기 말 조선이 겪었던 근대로의 여정들을 순서대로
하나씩 살펴보도록 하겠습니다.

고종의 근대화 노력

1882년 조선은 서구 국가 중 처음으로 미국과 조미수호통상조약을 체결했습니다. 이듬해 미국공사 루시우스 푸트 Lucius H. Foote가 조선에 부임했고, 이에 대한 답례로 고종은 대규모 사절단을 미국에 파견했습니다. 사절단은 전권대신 민영익, 부대신 홍영식, 종사관 서광범, 수원 유길준, 고영철, 변수, 현흥택, 최경석 등과 통역을 위해 동행한 미국인 퍼시벌 로웰Percival Lowell까지 모두 11명으로 구성되었습니다.

사절단의 중요한 목적 가운데 하나는 서구 사회의 모습을 확인하는 것이었습니다. 그때까지 중국, 일본 이외에 다른 세계와 별다른 접촉을 갖지 않았던 조선이 간접적으로나마 전해 들은 서구 근대 세계의 실체를 직접 눈으로 보고 싶었던 것입니다.

쇄국 정책을 주장했던 흥선대원군과는 달리 고종은 서구 세계에 관심이 많았습니다. 아침마다 커피를 즐겼고 서양인 고문관들을 측근에 두어 여러 조언을 들었습니다. 무엇보다 고종은 서양의 근대 문물을 도입해 조선을 부강한 나라로 만들고 싶어 했습니다. 1882년 조미수호통상조약과 1883년 미국에 파견된 사절단은 바로 고종의 이러한 의지가 반영된 결과입니다.

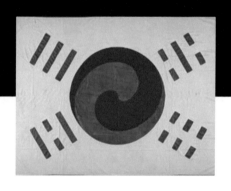

고종의 최측근이었던 전권대신 민영익이 이끄는 사절단은 일본 요코하마에서 배를 타고 샌프란시스코에 도착한 후, 기차를 타고 미국 대륙을 횡단하여 뉴욕으로 갔습니다. 뉴욕 피프스 애비뉴 호텔에서 체스터 아서Chester A. Arthur 미국 대통령을 접견하고 고종의 국서와 신임장을 전달했습니다. 한복을 입고 미국 대통령에게 큰절을 올리는 사절단의 모습은 〈뉴욕 타임스〉에 보도될 정도로 미국인들에게 신기한 광경이었습니다.

사절단은 미국에 40여 일을 체류하면서 박람회·공업제조회관·병원·신문사·우체국·방직공장·농장·육군사관학교 등을 방문 시찰하였고, 미국의 정치와 농사 개량에 대한 지식도 배웠습니다. 사절단의 가장 큰 관심을 끈 것은 전기였습니다. 특히 밤에도 대낮같이 환하게 빛을 비추는 백열등은 조선 사절단원들의 경탄을 자아냈습니다.

고종은 미국을 방문하고 돌아온 사절단의 보고를 듣고
서양 문물을 본격적으로 도입하기로 결정했습니다. 우
선 외교와 통상을 담당할 전문 인력이 필요했습니다.
고종은 이러한 인력을 육성하기 위해 1886년 국가 주도
의 근대식 교육기관인 '육영공원'을 설립했습니다. 육
영공원에는 15세에서 20세 사이의 양반 자제들과 젊은
관리들이 입학했으며 프린스턴대학과 다트머스칼리지
를 졸업한 미국인 교사들이 초빙되어 모든 수업을 영어
로 가르쳤습니다.

또한 고종은 내탕금(임금의 사비)을 들여 조선 사회에
서구의 근대 기술을 적극적으로 도입했습니다.

1887년 경복궁에 전기 조명(백열등) 설치
1896년 덕수궁에 전화 개설
1899년 한양에 전차 개통
1899년 경인선 개통
1900년 한강철교 완공

"인천은 기차 타고 가시오. 지붕과 유리창 달린 방 안에
서 의자에 앉아 사방 풍경을 즐기며 이야기하다 보면
어느새 인천항. 비가 오나 눈이 오나 다 남의 일. 마포
나 용산 갈 시간이면 인천까지, 동대문에서 남대문까지
인력거 탈 돈이면 인천을 왕복." ─경인철도회사 광고

"…화륜거 구르는 소리는 우레와 같아 천지가 진동하고 기관거의 굴뚝 연기는 반공에 솟아오르더라. 수레를 각기 방 한 칸씩 되게 만들어 여러 수레를 철구로 연결하여 수미상접하게 이었는데, 수레 속은 상중하 3등으로 수장하여 그 안에 배포한 것과 그 밖에 치장한 것은 이루 다 형언할 수 없더라. 수레 속에 앉아 영창으로 내다보니 산천초목이 모두 활동하여 닿는 것 같고 나는 새도 미처 따르지 못하더라…." —〈독립신문〉1900년 9월 19일 기사 중

하지만 이러한 노력에도 불구하고 일본은 1905년 을사늑약을 체결하여 조선의 외교권을 강탈했고, 1910년에는 조선을 자신의 식민지로 병합했습니다. 부강한 근대 국가를 지향했던 고종의 꿈은 실패로 끝났습니다.

고종의 근대화 프로젝트는
왜 실패한 것일까요?

복잡한 내부의 정치상황과 일본 제국주의 세력의 개입도 실패의 중요한 원인이었지만 무엇보다 고종은 근대를 제대로 이해하지 못했습니다. 단순히 서구 문물을 도입한다고 조선이 근대 사회가 되는 것은 아니었습니다. 사회구성원들의 의식, 사회제도, 정치체제, 경제구조 등의 근본적인 변화가 필요했지만 고종은 전기, 전화, 전차가 곧 근대라고 잘못 생각한 것입니다. 결국 조선은 스스로 변화하지 못하고 일본의 식민지로 전락했습니다.

일본에 의해 강요된 근대화

1895년 명성왕후 시해사건 직후 김홍집 내각의 주도로 을미개혁이 추진되었습니다. 을미개혁은 조선 사회에 커다란 변화를 가져왔지만 그 배후에는 일본이 있었습니다. 조선을 지배하기 위한 사전작업으로 진행되었던 것입니다. 따라서 을미개혁은 조선 근대화의 중요한 계기였지만 그 방향은 조선의 발전이 아니라 일본의 이익에 부합하는 식민지 사회의 건설에 맞춰졌습니다.

을미개혁의 주요 내용은 군제의 개혁, 태양력 사용, 종두법 실시, 우체국 및 소학교 설치, 단발령과 서양식 의복 착용 허용 등이었습니다. 위로부터 강압적으로 진행된 을미개혁은 조선인들의 거센 반발을 불러왔습니다. 개혁의 부당함을 주장하는 상소가 여러 차례 올라왔지만 받아들여지지 않았습니다. 개혁을 밀어붙이는 친일 내각과 그 배후의 일본 세력을 몰아내기 위해 전국 각지에서 의병이 일어났습니다. 전국적인 봉기에 놀란 조정은 의병의 해산을 권고하는 조칙을 내리고 군대를 파견하여 의병을 진압하는 데 주력했습니다.

한국 근대사에서 단발은 중요한 의미를 가지고 있습니다. 머리 모양은 전통적으로 정체성의 상징으로 간주되어 왔기에 을미개혁의 여러 조치들 가운데서도 단발령은 조선인들에게 가장 큰 충격으로 받아들여졌습니다. 강압적 단발령은 조선인들의 저항을 폭발시킨 가장 중요한 계기였습니다. 또한 그러한 의미 때문에 단발령은 을미개혁에서 가장 중요한 사항이기도 했습니다. 단발은 전통사회와의 단절을 사람들에게 확실히 각인시킬 수 있는 수단이었기 때문입니다.

단발령을 공포하고 일본은 먼저 고종에게 단발의 시범을 보일 것을 강요했습니다. 성난 민심을 우려하여 일본군이 궁성을 포위하고 대포까지 설치한 상태에서 내부대신 유길준의 주도로 고종의 단발이 이루어졌습니다. 다음으로 유생들의 단발을 시행하기 위해 당대 유림의 거두 최익현을 잡아들여 강제로 단발을 시도했지만 그는 "내 머리는 자를 수 있어도 머리털은 자를 수 없다"며 끝까지 저항했습니다.

백성들의 저항이 워낙 거세 잠시 단발령이 보류되기도
했지만 조선의 식민화가 진행되는 과정에서
단발은 결국은 받아들일 수밖에 없는 현실이 되었습니다.

1920년대 말 식민지 조선에서 단발은 또다시 사회를 뒤흔드는 주
요한 이슈로 떠오릅니다. 미국 유학 중이던 신여성 김활란이 단
발머리를 한 것입니다. 이를 둘러싸고 격렬한 논쟁이 벌어졌습니
다. 신여성들에게 단발은 단순히 미의 문제가 아니었습니다. 구
습의 사슬을 끊는 상징적 행위였습니다.

김활란은 단발이 "여성 해방의 유일한 조건"이며, 더 나아가서는
"일반이 단발을 하게 된다면 남녀가 다 일체 같을 것이요, 장유長
幼 신구新舊의 충돌도 없어질 것"이라고 주장했습니다. 당시 한
여학생은 남성들이 여성의 단발에 대해 이러쿵저러쿵 말하는 것
자체가 "여성을 남성들의 노리갯감"으로 보기 때문이라고 비난
하면서 편리하고 합리적인 것을 막는 남성들의 태도가 오히려 자
신에게 일종의 반항심을 일으켜 단발을 단행하게 되었다고 고백
했습니다. 남성들의 거부감에도 불구하고 여성들 사이에서 단발
은 유행처럼 퍼졌고 머리를 짧게 자른 '단발낭斷髮娘'은 신여성,
모던걸과 같은 뜻으로 불리게 됩니다.

개화파가 시도한 근대화

1876년 일본과의 강화도조약 체결 이후 조선은 세 차례에 걸쳐 일본에 수신사를 보냈습니다. 김기수, 김홍집, 박영효 등이 수신사로 다녀왔는데 이들은 서구식 근대화를 진행 중인 일본 사회를 경험하고 크게 감명받았습니다. 이들의 주도로 1881년 조사시찰단이 다시 일본에 파견되었습니다. 김옥균, 윤치호, 유길준 등이 포함된 시찰단은 약 4개월간 도쿄와 오사카에 체류하면서 일본의 정치제도, 사회체제, 산업현황 등을 시찰했습니다. 수신사와 조사시찰단의 활동은 고종이 1882년 조미수호통상조약을 체결하고 1883년 미국 사절단을 파견하는 데 큰 영향을 미쳤습니다.

수신사와 조사시찰단에 포함된 인물들은 한국 근대사에서
'개화파'라고 불리는 세력을 형성하게 됩니다.

이들은 일본의 근대화를
조선이 따라야 할 본보기로 삼았습니다.
따라서 개화파는 일본에 우호적일 수밖에 없었고
일본 역시 제국주의적 야심을 위해
이들을 적극적으로 이용했습니다.

1884년 김옥균, 박영효, 서재필 등은 일본공사관의 도움을 얻어 갑신정변을 일으킵니다. 일본의 메이지 유신을 모방하여 조선 정부의 수구파를 처단하고 급진적인 개혁 정책을 추진할 새로운 정부를 구성하려 했던 것입니다. 그러나 도움을 약속했던 일본군의 배신으로 정변은 실패합니다.

'삼일천하'로 끝난 갑신정변의 주역들은
일본으로 망명했습니다.

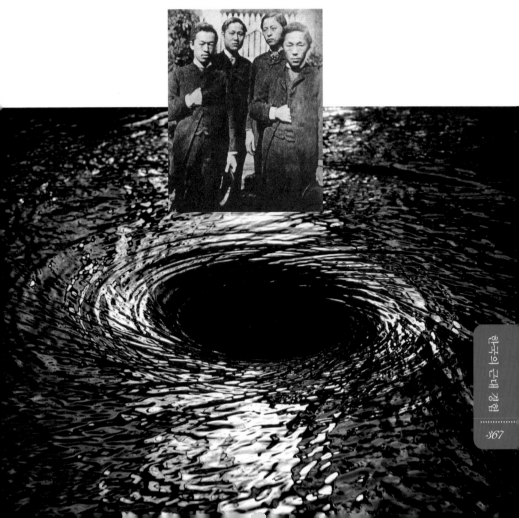

급진개화파의 갑신정변은 실패했지만 10년 후 김홍집, 유길준 등의 온건개화파가 다시 일본의 후원을 등에 업고 갑오개혁을 추진합니다. 갑오개혁은 1894년 7월부터 1896년 2월까지 총 3차에 걸쳐 진행되었으며 조선 사회를 단기간에 가장 크게 변화시킨 중요한 사건이었습니다.

갑오개혁을 이끈 개화파들은 청나라에 대한 조선의 전통적인 사대 정책에 반대하고, 서양과 일본 사회를 모델로 하는 반봉건적인 혁신을 지향했습니다. 그러나 당시 한반도에 약 7천 명의 병력을 주둔시키고 있었던 일본은 여기에 만족하지 않고 개화파를 앞세워 조선을 완전히 자신들의 속국으로 만들려는 속셈을 가지고 있었습니다.

1차 개혁은 청국과의 사대관계 단절, 국왕의 권한 축소 및 제약과 함께 문벌·반상제도와 문무존비 구별의 폐지, 노비 매매 금지, 연좌제 폐지, 조혼 금지, 과부 재가 허용 등 조선 사회의 폐단으로 지목된 여러 제도와 관습의 혁파를 추진했습니다.

2차 개혁은 의정부를 내각으로 고치고 7부로 구성했으며 지방관으로부터 사법권과 군사권을 박탈해 지방행정체제를 중앙에 예속시키는 근대적 관료체제를 도입했습니다.

3차 개혁은 앞에서 을미개혁이라 부른 것입니다. 을미개혁은 일본이 조선을 '보호국'으로 만들기 위한 직접적인 조치들로 구성되어 있었습니다.

개화파는 조선의 근대화를 실현하기 위해 노력했지만 그 노력은 일본의 조선 식민화로 귀결되었습니다. 결과적으로 일본이 조선을 지배하도록 기반을 만들어주는 역할을 한 것입니다.

왜 이런 결과가 나왔을까요?

가장 먼저 개화파의 일본 의존적 태도를 지적할 수 있습니다. 갑신정변에서 갑오개혁에 이르기까지 개화파는 항상 일본에 도움을 요청했고, 제국주의 야심을 품고 있던 일본은 개화파를 조선 식민화의 수단으로 이용했습니다.

그렇다면 개화파는 왜 항상 일본에 의존했던 것일까요? 그들은 근대화를 '개화'라 불렀습니다. 이때 개화는 사회진화론적 의미를 띕니다. 개화파는 사회진화론을 신봉했으며, 그들에게 '진화'는 항상 선善을 가리켰습니다. 이것이 앞선 일본을 근대화의 본보기로 삼고, 의존하게 된 이유입니다.

사회진화론

사회진화론은 모든 사회가 동일한 과정에 따라 발전한다고 봅니다. 그렇기 때문에 단일한 발전 노정 속에서 앞선 나라와 뒤처진 나라를 구분할 수 있으며 앞선 나라는 뒤처진 나라의 미래라고 할 수 있습니다. 사회진화론은 19세기 유럽에서 생겨나 일본을 거쳐 조선에 들어왔으며 특히 개화파에게 큰 영향을 주었습니다.

로스토우Rostow **사회발전단계**

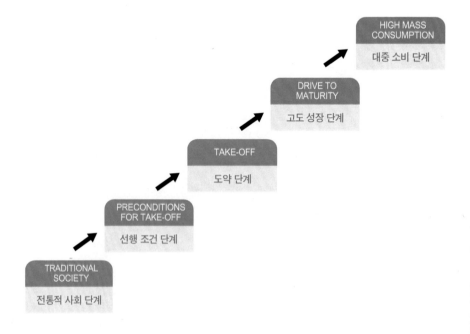

사회진화론의 시각에서 보자면 서구 열강은 가장 발전된 국가들이며, 서구식 근대화를 도입하고 제국주의까지도 받아들인 일본은 아시아에서 유일하게 제대로 발전하고 있는 국가입니다. 따라서 근대화란 다른 것이 아니라 일본처럼 되는 것이었습니다. 그렇기 때문에 개화파는 일본이 걸었던 역사 과정을 그대로 따라가고자 했고 이를 위해 끊임없이 일본에 의존했습니다.

심지어 일본이 조선을 식민지로 만드는 것조차 저항 없이 받아들였습니다. 일본의 제국주의는 역사 발전상 당연한 과정이며 조선은 일본처럼 발전하지 못해 식민지로 전락할 수밖에 없다는 인식이었습니다.

사회진화론은 조선의 근대화를 일본의 식민지화로 이끌었을 뿐만 아니라 해방 이후 대한민국의 현대사에도 중요한 영향을 미쳤습니다. 1960~70년대 '조국 근대화'의 기치 아래 진행되었던 경제개발계획은 '후진국'에서 '선진국'으로 발전하기 위해 서구의 산업화 과정을 단계적으로 좇아가는 프로그램이었습니다. 오늘날 '2만 불 사회', '3만 불 사회'와 같이 1인당 국민소득으로 사회발전단계를 구분하는 것 역시 사회진화론의 영향이라 할 수 있습니다.

"개화란 인간 세상의 천만 가지 사물이 지극히
선하고도 아름다운 경지에 이르는 것을 말한다."

"세계의 어느 나라를 돌아보든지 간에
개화가 극진한 경지에 이른 나라는 없다.
그렇지만 대략 그 등급을 구별해보면
개화한 자, 반개화한 자, 미개화한 자 등의
세 가지로 나누어볼 수가 있다."

"그러나 힘쓰고 노력하기를 그치지 않으면
반개화한 자와 미개화한 자라 하더라도
개화한 자의 근처에 이를 수가 있다."

—유길준《서유견문西遊見聞》

근대화 이후의 근대화

오늘날 우리는 더 이상 근대화를 이야기하지 않습니다. 1960년대 이래로 한국 사회는 전 세계에서 유래를 찾아보기 어려울 정도로 빠른 경제 발전을 거듭해왔습니다. 그 결과 서구의 웬만한 나라들과 견주어도 뒤지지 않을 만큼 물질적으로 풍요로운 사회를 만들어냈습니다. 그래서 사람들에게 근대화는 더 이상 절실한 과제가 아닌 것이 되어버렸습니다.

그렇지만 우리는 정말 근대화된 사회에 살고 있을까
요? 각종 경제수치는 자랑스럽지만, 그 이면에 도사리
고 있는 여러 사회문제는 우리에게 심각한 고민거리입
니다. 무엇보다 물질적 풍요에도 불구하고 사람들은
행복하다고 느끼지 않습니다. 그러면서도 돈의 가치에
대해서는 지나치게 높은 신뢰를 가지고 있습니다. 사
람들은 지금의 한국 사회를 끔찍이 살기 어려운 곳이라
여기고 가능하다면 다른 사회로 떠나고 싶어 합니다.

진정한 근대화는 무엇일까요?
서구화? 물질적 풍요? 경제성장?
어쩌면 19세기 구한말의 근대화에 대한 고민은
여전히 풀리지 않은 문제일지도 모릅니다.

09
근대 비판
무엇이 진정한 문명인가

}{

근대 문명은 인간의 삶에 획기적인 변화를 가져온 동시에 많은 문제를 드러냈다. 마르크스와 엥겔스는 근대 문명이 내부의 문제들 때문에 스스로 붕괴할 것이라 경고했다. 하지만 근대 문명은 아직까지 존속하고 있다. 하지만 비판받았던 모든 문제가 해결된 것은 아니다. 여전히 근대 문명은 자신의 문제를 품에 안고 위태롭게 존속하고 있다.

"진보적 사유라는 가장 포괄적인 의미에서
계몽은
예로부터 인간에게서 공포를 몰아내고
인간을 주인으로 세운다는 목표를 추구해왔다.
그러나 완전히 계몽된 지구에는
재앙만이 승리를 구가하고 있다."

—아도르노Theodor Adorno ·
호르크하이머 《계몽의 변증법Dialektik der Aufklärung》

　'근대'는 이성, 진보, 과학, 계몽의 시기였다. 중세의 암흑에서 벗어난 인류는 과거 '신'의 자리에 '인간'을 앉히고, 이성의 능력에 기초하여 진보와 계몽의 세계를 건설하는 거대한 꿈을 꾸었다.

이 역사의 진보적 행보는 엄청난 속도로 진행되었다. 그런데 언제부턴가 진보와 계몽을 향한 인류의 발걸음이 애초의 생각과 달리 전혀 엉뚱한 지점에 도달하리라는 불길한 예언들이 등장하기 시작했다.

비판적 성찰

이성이 결국 비이성, 곧 광기로 귀결되리라는 것
완전히 계몽된 세계는 재앙으로 뒤덮인
세계가 되리라는 것
진보는 결국 인류 전체의 몰락으로 귀착되리라는 것

이러한 생각들은 특히 두 차례의 세계전쟁을 경험하면서 지구 전체로 확대되었다. 사람들은 전쟁을 통해 과학이 인류에게 축복이 아니라 재앙일 수도 있다는 것을 목격했다.

"전쟁은 과학기술적 변화에 가속도가 붙은 것,
바로 그것이다."

—마셜 매클루언Herbert Marshall McLuhan

1914년 인류가 근대 과학의 발명품으로 치른 전쟁
제1차 세계대전
이 전쟁에서 처음 사용된 무기들
기관총, 장거리 대포, 비행기….

전화와 전신, 첨단무기, 손목시계 같은
과학의 지원이 없었으면 불가능했을 대규모 살상

역사가들은 이 전쟁에 '기병대의 영광스러운 돌격' 같
은 것은 없었다고 증언한다. 대신 이 전쟁은 5킬로미터
를 전진하기 위해 40만 명이 희생된 것으로, 개전 이후
몇 분 내에 수만 명의 군인들이 기관총에 의해 죽임을
당한 것으로 유명하다.

전쟁을 경험하면서 사람들은 근대적인 가치가 인류에게
항상 희망적이지는 않음을 직감한 것이다.

근대적 가치에 대한 사상가들의
이러한 비판을 근대 비판 또는 탈근대
담론이라 부른다.

근대 비판

새로운 문명은 언제나 이전 문명이 해결하지 못한 문제의 해답을 제시하면서 시작됩니다. 인류의 장구한 역사는 하나의 문명이 자기 시대, 자기 문명이 직면한 문제를 풀지 못할 때 다른 문명으로 대체된다는 것을 보여줍니다. 근대 문명이 성공한 이유 역시 중세가 안고 있었던 문제와 딜레마들을 해결할 새로운 해법을 들고 나왔기 때문입니다.

하지만 이 새로운 해법에도 문제는 있기 마련입니다.
근대 문명은 이전 문명이 해결하지 못한 문제의 해법이
기는 했지만, 근대 문명 또한 시작부터 딜레마에 봉착
할 운명을 안고 있었습니다. 근대 문명은 스스로를 인
류에게 계몽이라는 밝은 빛을 가져다준 프로메테우스
라고 자부했지만, 그 빛이 만들어낸 어둠도 있었습니
다. 사람들은 이 어둠을 근대의 이면이라 부르고 그에
따른 성찰을 근대 비판이라고 부릅니다.

근대 문명이 지구상 모든 인간에게 축복으로 다가온 것
만은 아니었습니다. 근대 과학에 대해 살펴볼까요? 우
리는 근대 문명이 과학혁명에서 시작되었다는 것을 잘
알고 있습니다. 과학혁명은 인간이 세계를 보고 인식하
는 방법과 사고방식에 혁명적인 변화를 가져왔고, 실용
적인 측면에서도 인류에게 엄청난 혜택을 선물했습니
다. 과학혁명으로 인해 인류는 중세와 비교할 수 없을
정도의 문명을 소유하게 되었습니다.

하지만 과학혁명 때문에 인류가 잃은 것들도 있습니다. 근대 과학은 그 이전까지 종교적 신비의 장막에 휩싸여 있던 우주와 자연을 벌거벗겨 인간 세계로 가져왔습니다. 과학의 발전으로 인해 우리는 더 이상 달나라에 토끼가 산다는 동화의 이야기를 믿지 않게 되었습니다.

그 결과 인간과 자연의 관계는 근본적으로 바뀌었습니다. 근대의 인류는 자신이 자연의 일부라는 사실에 만족하지 않고, 자연을 인간의 편리한 삶을 위해 실험하고 개발해야 할 한낱 '대상'으로 간주했습니다. 그것들은 풍요로운 삶을 위해 이용되어야 할 '자원'에 지나지 않았습니다. 자연에 대한 이 객관적인 태도가 심각한 환경문제를 초래하리라는 것은 당연했습니다.

또한 근대 과학은 일찍이 인류가 경험하지 못한 문명의 이기利器를 가져다주었습니다. 이로 인해 인간은 자연력에 의지하는 단계를 넘어설 수 있었습니다. 하지만 근대 과학이 선물한 문명은 편리함과 함께 엄청난 재앙을 불러왔습니다.

두 차례의 세계전쟁이 인류에게 그토록 심각한 피해를 끼칠 수 있었던 것은 바로 과학의 힘 때문이었습니다. 2차 대전 당시 아우슈비츠에서 행해진 유대인 대량 학살 역시 과학의 힘을 빌렸기 때문에 가능했습니다.

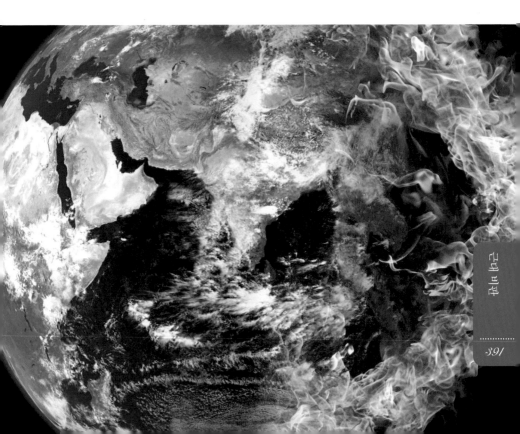

계몽주의에는 전혀 문제가 없을까요? 계몽주의는 유럽의 18세기를 밝힌 근대 문명의 핵심 중의 핵심입니다. 이성, 계몽, 진보, 관용의 정신은 지금까지도 근대 문명의 유산으로 평가됩니다. 계몽사상으로 인해 인류는 신의 계시가 아니라 인간의 이성에 기초해 생각하기 시작했고, 보편적인 '인간'이라는 관념을 성립시킨 것도 계몽주의의 성과입니다. 계몽주의 덕분에 인류는 긴 어둠의 시대에서 해방되었다고 말할 수도 있습니다.

그렇다면 계몽의 시대가 곧장 제국주의 시대로 이어진 것은 어떻게 이해해야 할까요? 근대 서구 문명의 발달로 인해 발생한 제국주의는 가장 많이 비판받아온 지점이기도 합니다. 19세기 유럽 제국주의는 항해술의 발달이나 근대 과학의 원리를 이용한 무기의 개량, 선박 제조 기술의 발전이 없었다면 불가능한 사건이었습니다. 제국주의의 식민지 쟁탈전은 영토의 확장이나 종교적 이유에서 비롯된 과거의 제국주의와는 전혀 달랐습니다.

19세기 유럽 사회는 급속한 산업화의 길을 걸었습니다.

인류는 산업혁명으로 값싼 물건을 대량으로 생산하는 방법을 찾았습니다. 날이 갈수록 국가의 부는 증가했고, 시장에는 값싼 공산품들이 넘쳐났습니다. 하지만 값싼 상품을 대량으로 생산하기 위해서는 풍부한 자원이 필요했고, 상품을 비싸게 팔아 부를 축적하기 위해서는 넓은 시장이 필요했습니다. 19세기 제국주의는 이러한 자원과 시장의 필요에 의해 생겨난 문제입니다.

1878년 벨기에의 왕 레오폴드 2세Leopold II는 콩고 식민지화에 나섰습니다. 그는 기계 문명의 등장으로 고무벨트, 타이어 등에 사용되는 고무 가격이 천정부지로 인상되자 고무 생산량을 늘리기 위해 할당량을 정하고, 할당량을 채우지 못한 토착민들에게는 손발을 자르는 형벌을 가했습니다. 이때 천만 명 이상의 콩고인이 손발이 잘려 죽었습니다. 그 결과 1890년 100톤이었던 콩고의 고무 수출량은 1901년 6,000톤으로 증가했습니다. 레오폴드는 콩고인들을 무참히 학살하면서 "우리의 유일한 계획은 그 나라를 도덕적, 물질적으로 쇄신시키는 것이다"라고 말했다고 합니다.

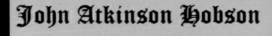

John Atkinson Hobson

Imperialism:

A Study

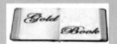

계몽주의의 세례를 거친 유럽인들은 발달한 군사력과 항해술을 앞세워 비유럽 지역을 자신들의 식민지로 만들기 시작했습니다. 계몽주의를 통해 보편적 '인간'의 평등을 주장했으면서도, 그들은 비유럽인을 서슴없이 야만인이라 불렀습니다. 그리고 식민지 지배를 야만인을 구원하기 위한 문명화 사명으로 미화하기도 했습니다.

영국의 경제학자 존 홉슨John Hobson은 《제국주의Imperialism》(1902)에서 "제국주의의 가장 중대한 악덕과 가장 두드러진 위험은 동기들의 참뜻을 왜곡하는 데 있다"라고 썼습니다.

계몽주의 시대는 이성, 계몽, 진보, 관용의 정신이 강조된 시기였으나 유럽인들이 그 가치들을 유럽 바깥의 사람에게 적용한 경우는 거의 없었습니다. 19세기 영국의 철학자이자 경제학자인 존 스튜어트 밀John Stuart Mill은 《자유론On Liberty》(1859)에서 개인의 자유는 어느 누구도 침해해서는 안 된다는 자유의 중요성을 강조했습니다.

하지만 그는 이 원칙을 유럽인들이 미개사회라 부르는 지역에 적용하는 것에는 반대했습니다. "미개인들을 개명 開明시킬 그 목적을 실제 달성하는 데 적합한 수단을 쓴다면 이런 사회에서는 독재가 정당한 통치기술이 될 수도 있다." 이것은 미개인들을 '자유'가 아닌 '독재'로 통치해야 한다는 것입니다.

유럽 바깥의 사람들을 대하는 태도에만
문제가 있는 것이 아니었습니다.
산업혁명은 인류사회에 최초로 자연경제를
넘어서는 새로운 질서를 가져왔습니다.

THE WHITE (!) MAN'S BURDEN.

산업혁명, 자본주의, 제국주의는 근대 경제학을 구성하는 세 축입니다. 즉 산업혁명을 시작으로 인류는 자본주의사회를 경험하게 됩니다. 자본주의사회에서 공장에서 일하는 사람들은 '인간'이라는 고상한 이름 대신 '노동력'이라고 불립니다. 산업혁명으로 인해 인류는 엄청난 양의 상품을 소유하게 되었고, 자본을 소유한 부르주아들의 재산도 상상을 초월할 만큼 커졌습니다.

1800년에서 1900년 사이에 영국의 국민소득은 10배 증가했습니다. 하지만 그 모든 것들은 열악한 노동환경에서 기계처럼 일하는 노동자들을 착취해 얻은 결과물이었습니다.

근대 문명은 '모든 사람은 자유롭고
평등하다'는 사상을 토대로 인간이
인간을 억압하고 착취하는 전통적인 신분의
굴레를 타파하면서 출현했습니다.

하지만 자본주의는 신분제도에 근거한 봉건적인 착취 구조를 자본의 소유에 의한 근대적인 착취구조로 바꾸 었을 뿐, 억압과 착취 자체를 해결하지는 못했습니다. 이러한 착취구조는 경제적인 현상만은 아니었습니다. 국가권력을 포함한 일체의 사법제도들은 항상 부르주 아들에게만 유리하게 작용할 뿐 노동자의 권리나 인권 에 대해서는 관심을 기울이지 않았습니다.

근대 문명이 내세운 '법 앞의 자유와 평등'이라는 이상은 현실에서의 억압적이고 불평등한 관계를 정당화하는 수단으로 전락했습니다. 1970년, 전태일이 분신하면서 "근로기준법을 지켜라!"라고 외친 사건의 상징성은 여기에 있습니다. '법'이 노동자들의 정당한 권리 주장에 대해 귀를 막은 것은 어제오늘만의 일이 아닙니다.

산업혁명과 자본주의로 인해 시작된 공장 노동은 장시간 비인간적 노동이라는 새로운 환경을 낳았습니다. 19세기 중반 산업혁명의 발생지인 영국에서 아이들은 4세부터 공장에서 일을 시작했고, 일주일에 6일을 하루 16시간 이상 노동했습니다. 이렇게 노동을 하고 그들이 받는 급여는 성인 임금의 10~20% 정도였습니다. 영국의 문호 찰스 디킨스Charles Dickens의 《올리버 트위스트Oliver Twist》의 배경이 바로 이 시기입니다.

카를 마르크스와 프리드리히 엥겔스Friedrich Engels가 함께 쓴《공산당선언Manifest der Kommunistischen Partei》(1848) 역시 이 시기에 나왔습니다. 이 책에서 마르크스와 엥겔스는 사회가 두 개의 적대하는 계급, 즉 부르주아와 프롤레타리아로 분열하고 있으며, 결국 착취당하는 프롤레타리아가 혁명을 통해 부르주아를 제압하는 방향으로 역사가 흘러갈 것이라 예언했습니다. 같은 시기 엥겔스는 영국의 노동자계급의 상황을 가리켜 "세계 여론의 법정에서 나는 영국의 중산층을 대량 학살, 날강도 그리고 기타 일어난 모든 다른 범죄로 고발한다"라고 주장하기도 했습니다.

"지금까지 존재한 모든 사회의 역사는
계급 투쟁의 역사이다."

"봉건사회의 폐허로부터 싹튼 현대 부르주아사회는 계급 적대를
없애지 못했다. 단지 낡은 것들 대신 새로운 계급, 새로운 억압의
조건, 새로운 투쟁 형태들을 만들어냈을 뿐이다. 하지만 우리 시
대, 부르주아의 시대는 명확한 특징을 가지고 있다. 즉 계급 적대
를 단순화시킨 것이다. 전체 사회는 부르주아와 프롤레타리아라
는 양대 적대적 진영으로, 서로 직면하고 있는 양대 계급으로 점
점 더 분열되어가고 있다."

—마르크스·엥겔스《공산당선언》

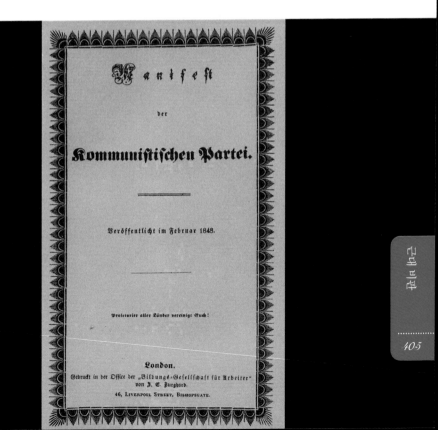

자본주의는 경제적 인간을 탄생시켰습니다. 자본주의 이전 사회에서 이익을 추구하는 것은 보편적인 행동이 아니었습니다. 심지어 16세기 이전에는 '생활비를 번다'는 생각 자체가 없었습니다. 시장, 즉 자본주의가 등장하기 이전까지 사람들의 관심은 화폐나 금전적인 이익이 아니었습니다.

우리는 자본주의를 흔히 시장경제나
시장체제라고 부릅니다.
시장이 등장하자 사람들은 '상품'을
만들기 시작했습니다.

'상품'은 오로지 팔기 위해서 만드는 물건입니다. 사람들은 '상품'을 팔아서 이익을 취하는 행동을 긍정하기 시작했고, 이때부터 '화폐'는 모든 가치의 유일무이한 매개체가 되었습니다. 화폐는 아무런 가치도 소유하고 있지 않으면서 모든 것들의 가치를 비교 가능한 것으로 만들어주는 '신'의 위치를 점하기 시작했습니다.

그 결과 모든 물건은 자신의 가치를 '얼마짜리'라는 화폐적 가치, 즉 가격으로 설명해야 했고 그렇지 못한 것들은 무가치한 것으로 분류되었습니다. 이 새로운 풍속이 초래한 결과는 분명했습니다. 물건도, 인간도, 심지어 지극히 인간적이거나 추상적인 가치마저도 '화폐'로 측정될 수 없다면 가치 없는 것에 불과하다는 생각을 낳았습니다.

마르크스는 이 새로운 현상을 사용가치와 교환가치로 구별하여 설명했습니다. 그는 화폐적 가치, 즉 가격은 '교환가치'이고 자본주의는 모든 가치를 '교환가치'로 바꿔버렸다고 했습니다. "부르주아는 의사, 법률가, 성직자, 시인, 학자 등을 자신들에게서 돈을 받는 임금노동자로 바꿔놓았다"라고 한 마르크스의 비판은 행동과 직업의 가치를 화폐를 벌기 위한 노동으로 바꿔버린 자본주의적 가치 이론에 대한 분노였습니다.

애덤 스미스는 《국부론》에서 분업의 가치를 높게 평가했습니다. 한 사람의 노동자가 혼자 작업하면 하루에 핀 20개도 만들기 힘들지만, 노동자 10명이 분업하면 하루 평균 4만 8천 개의 핀을 만들 수 있다는 이야기는 지금도 많은 사람들이 빠뜨리지 않고 인용하는 구절입니다.

하지만 마르크스는 분업이 생산량을 늘려주기는 하지만 동시에 인간을 기계의 한 공정으로 바꿔버려 결국 인간소외를 불러올 것이라고 비판했습니다. 이는 단순 분업이 인간에게서 종합적인 능력을 박탈한다는 주장입니다. 오늘날 사람들은 또 다른 맥락에서 사회 전체의 분업화를 가리켜 '부품사회'라고 부릅니다.

한 사회는 그 사회가 오랫동안 지켜온 가치의 체계이기도 합니다. 물론 자본주의와 산업혁명으로 인류가 많은 상품을 생산, 소비했고 사회적 부의 총량이 증대된 것은 사실입니다. 하지만 그 부가 소수의 자본가들에게 집중된 것 또한 사실입니다.

대신 평범한 사람들의 삶은 망가지고 뒤죽박죽되는 파국을 맞게 되었습니다. 칼 폴라니Karl Polanyi는 전통적인 가치와 규범이 새로운 가치와 규범과 뒤섞이는 이러한 혼란상을 '악마의 맷돌 Satanic mills'이라 불렀습니다. '맷돌'은 모든 것을 한데 섞어 갈아버립니다. 그것의 작동 방식은 '돈으로 살 수 있는 것'과 '살 수 없는 것'의 구별을 없애버린 시장경제의 법칙과 일치합니다.

'화폐'가 정점에 위치한 시장법칙은 모든 가치를
화폐화함으로써 평준화합니다. 이 법칙하에서
'고귀한 것'은 존재하지 않고, 대신 '값비싼 것'이
곧 '고귀한 것'이 됩니다.

한 사회의 가치체계가 급변하면 어떤 일이 발생하는지
는 유럽에 의해 주도된 비유럽 개발계획의 결과가 잘
보여줍니다. 이른 시기에 자본주의체제를 구축한 유럽
과 달리 상당수 비유럽 지역은 20세기까지도 전통적 농
경사회 형태를 갖추고 있었습니다. 전통적인 삶의 방식
을 유지하던 이 지역들은 20세기에 '관광 산업'이라는
명분하에 대규모로 개발되었습니다.

"서구 식민 지배 관리들은 식민지 특유의 고통스러운 사회 변동 과정을 겪고 있던 피지배 주민들을 개발이라는 명분으로 관리했다. 이른바 '백인이 져야 할 짐white man's burden'이라 하여 겉보기에 숭고한 과업처럼 보이도록 개발에 영예로운 의미를 부여했던 것이다. 이 말 속에 함축된 인종주의는 개발의 규범적인 의미와 개발의 세계적인 결과 속에 그대로 남았다."

— 필립 맥마이클Philip McMichael 《거대한 역설Development and Social Change》

여기에는 경제개발이라는 이름으로 행해진 유럽 자본의 원조도 있었습니다. 히말라야 서쪽 산맥에 위치한 라다크Ladakh도 이런 곳 가운데 하나입니다. 라다크 주민들은 유럽의 자본이 들어오기 전에는 경제적 이익을 앞세우는 사람들이 아니었습니다. 그들은 관광객이 아무리 많은 돈을 준다 해도 자신의 물건을 팔려 하지 않았고, 물질적인 이익을 위해 자신들의 여가나 일상의 기쁨을 포기하지도 않았습니다.

하지만 개발계획이 실행되고 16년이 지나자 라다크 사회에는 빈부 격차라는 새로운 현상이 생겼습니다. 아울러 실업, 인플레이션, 범죄 발생률이 증가하기 시작했고, 경제적 자급력은 급격하게 붕괴되어 외부 세계에 의존해야 하는 상황에 처했습니다.

이러한 자본주의체제는 가정과 공동체를 무너뜨렸고, 결정적으로 사람들을 땅으로부터 분리시켰습니다. 대규모 개발은 새로운 삶의 환경을 가져옵니다. 우리는 그 변화를 경제적 이익과 편리함의 측면에서만 생각합니다. 하지만 그 변화는 동시에 심각한 자원문제와 환경문제 그리고 그곳을 터전으로 살아온 사람들의 생각 자체를 바꿉니다.

"라다크를 개발하기 위해서는
그곳 사람들을 탐욕스럽게 만들 방법을 찾아야 한다.
그렇지 않고서는 그들을 움직일 수 없다."
—라다크 개발감독관(1981)

이러한 변화의 부정적 측면 가운데 하나가 시장사회의 도래입니다. 미국의 철학자 마이클 샌델은 시장경제와 시장사회는 다르다고 주장합니다. 시장경제란 한 사회의 경제가 '시장'을 중심으로 유지되는 것, 즉 자본주의를 의미합니다. 하지만 샌델은 오해와 달리 시장경제는 거래만능주의, 시장지상주의가 아니라고 주장합니다. 자본주의사회에도 시장의 논리가 적용될 수 있는 영역과 그렇지 않은 영역의 구분이 존재한다는 것입니다.

그가 위험성을 경고하고 있는 시장사회란 결국 모든 영역에 시장
의 논리가 적용된 사회, 즉 무엇이든 사고파는 거래의 대상으로
간주하는 사회입니다. 시장사회는 왜 문제일까요? 시장논리가
적용되면 안 되는 영역이란 어떤 것일까요? 아마도 그는 공공영
역이나 공동체 유지에 필수적인 요소들을 가리켜 시장논리가 적
용되면 안 되는 영역이라고 생각하는 듯하고, 시장경제가 시장사
회로 받아들여지는 현대 사회의 위험을 경고하려는 듯합니다. 예
를 들면 인간의 장기나 국방의 의무, 사법적 정의 등이 여기에 해
당할 것입니다.

하지만 자신의 경제적 이익을 추구하는 것이 삶의 최고 목적인 사회에서 태어나고, 성장한 사람들에게 시장경제와 시장사회가 동일한 것이 아니라는 주장이 얼마나 설득력을 가질까요?

우리가 신자유주의라고 부르는 새로운 시스템이 바로 시장사회입니다. 근대 문명의 기획자들은 자본주의와 민주주의가 근대 문명을 떠받치는 두 기둥이라고 생각했습니다. 지난 수백 년 동안 대부분의 민주주의국가에서 자본주의와 민주주의, 경제와 정치는 서로 경쟁과 협력을 통해 복지국가의 꿈을 실현시킬 수 있다 생각했습니다.

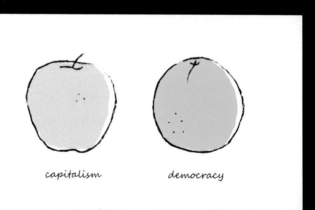

capitalism   democracy

하지만 사회 전체가 시장주의에 잠식되면서 상황은 급변했습니다. 오늘날 대다수 자본주의국가에서 경제의 힘은 정치의 힘을 압도합니다. 기업의 활동이 적절히 규제되기보다는 민주주의라는 이름으로 오히려 대기업의 권력이 커져가고 있으며, 그에 따라 정부에 대한 국민의 신뢰도 약화되고 있습니다.

영국의 사회학자 콜린 크라우치Colin Crouch는 이러한 현상을 '약화된 민주주의'라고 표현했습니다. 사회적 부의 양극화가 극심해지고, 고용안정성이 크게 위협받으면서 다수의 국민들은 정치적 민주주의보다는 경제규모가 커지는 것에만 관심을 기울이기 시작합니다.

시장에 대한 정부의 결정 또한 분배보다는 성장을 강조함으로써 지난 시절 민주주의의 이름으로 지켜온 가치들이 하나둘씩 잊히고 있습니다. 그 결과 정치에 대한 국민의 관심은 낮아지고, 소수의 정치엘리트들이 권력을 독점하여 시장에 유리한 정책적 결정을 일삼는 악순환이 반복되고 있습니다. 이런 사회에서 태어나고 성장한 세대가 살아가면서 어떤 가치관을 갖게 될지는 깊이 고민하지 않아도 알 수 있습니다.

시장사회의 문제 외에도 근대 문명은 수많은 문제점을 노출하면서 지금까지 이어져 왔습니다. 근대를 추동한 인간의 이성적 능력은 그 시작부터 도구적 이성으로 전락하여 인간의 자유를 억압하는 장치로 기능하기 일쑤였고, 인류에게 편리한 삶을 가져다준 과학기술은 그것의 잘못된 사용으로 한순간에 인류를 멸망시킬 수 있는 위험사회를 초래했습니다.

사람들은 이러한 근대 문명의 문제점들이 역사의 어느 시기에 시작되었다고 믿지만 사실 근대 문명이 등장하는 순간부터 맞닥뜨릴 수밖에 없었던 것들입니다.

즉 새로운 문명은 낡은 문명이 풀지 못한 문제를 해결
하면서 시작되지만, 그 문명 또한 처음부터
서서히 문제점을 쌓아나간다는 의미입니다.

근대 문명은 해답이면서 동시에 문제였습니다.
이것이 바로 우리가 근대 문명을 맹신하지 않고
매 순간 그것의 가능성과 한계를
함께 사유해야 하는 이유입니다.

오늘날 인류는 수많은 난제들에 직면해 있습니다. 그것들의 대부분은 한 사회, 한 국가의 차원에서 해결될 수 없다는 점에서 과거에 비해 그 위험성이 한층 심각합니다. '지구촌'이라는 말은 단순한 수사가 아니라 인류 전체의 운명이 네트워크처럼 연결되어 움직인다는 것을 뜻합니다. 이제 사람들은 근대 문명이 신이 인류에게 선물한 만병통치약이 아님을 서서히 깨달아가고 있습니다. 그것은 우리가 새롭게 만들고자 노력하지 않으면 장래에 인류를 위협할 재난이 될 수 있습니다. 이 근대 문명에 대한 발본적인 성찰과 비판, 우리는 그것을 탈근대라고 부릅니다.

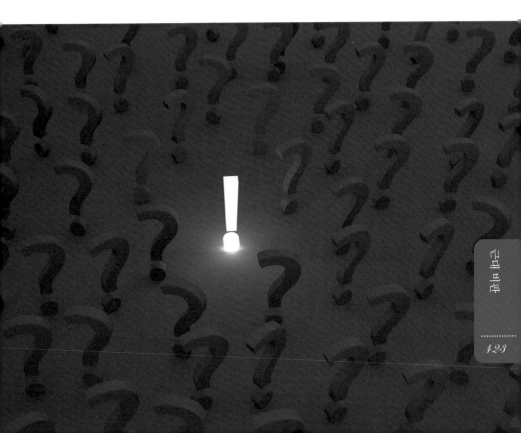

더 읽을거리

1장 과학혁명

김영식, 《과학혁명》, 아르케, 2001.

르네 데카르트, 《데카르트 연구》, 최명관 옮김, 창, 2010.

빌 브라이슨, 《거인들의 생각과 힘》, 이덕환 옮김, 까치, 2010.

야콥 브로노프스키, 《과학과 인간 가치》, 우정원 옮김, 이화여자대학교출판부, 1994.

에드워드 윌슨, 《통섭》, 최재천·장대익 옮김, 사이언스북스, 2005.

에릭 뉴트, 《과학의 역사》, 이민용 옮김, 이끌리오, 2006.

찰스 길리스피, 《객관성의 칼날》, 이필렬 옮김, 새물결, 2005.

프랜시스 베이컨, 《신기관》, 진석용 옮김, 한길사, 2001.

홍성욱, 《인간의 얼굴을 한 과학》, 서울대학교출판부, 2008.

2장 사상혁명

고트홀트 에프라임 레싱, 《현자 나탄》, 윤도중 옮김, 창비, 1991.

데이비드 에드먼드·존 에이디노, 《루소의 개》, 임현경 옮김, 난장, 2011.

라인하르트 코젤렉·크리스티안 마이어, 《코젤렉의 개념사 사전 2》, 황선애 옮김, 푸른 역사, 2010.

마르퀴 드 콩도르세, 《인간정신의 진보에 관한 역사적 개요》, 장세룡 옮김, 책세상, 2002.

미셸 푸코, 〈계몽이란 무엇인가〉, 《자유를 향한 참을 수 없는 열망》, 정일준 옮김, 새물결, 1999.

볼테르, 《관용론》, 송기형 · 임미경 옮김, 한길사, 2001.

볼테르, 《불온한 철학사전》, 사이에 옮김, 2015.

에른스트 카시러, 《계몽주의 철학》, 박완규 옮김, 민음사, 1995.

이동렬, 《빛의 세기, 이성의 문학》, 문학과지성사, 2008.

임마누엘 칸트, 《칸트의 역사철학》, 이한구 편역, 서광사, 1992.

토머스 핸킨스, 《과학과 계몽주의》, 양유성 옮김, 글항아리, 2011.

피터 게이, 《계몽시대》, 타임라이프편집부 옮김, 타임라이프, 1991.

피터 게이, 《계몽주의의 기원》, 주명철 옮김, 민음사, 1998.

3장 정치혁명

리아 레번 글, 플랑튀 그림, 《인권》, 이명재 · 서현수 옮김, 북스코프, 2012.

린 헌트, 《인권의 발명》, 전진성 옮김, 돌베개, 2009.

막시밀리앙 로베스피에르, 《로베스피에르》, 배기현 옮김, 프레시안북, 2009.

메리 울스턴크래프트, 《여권의 옹호》, 손영미 옮김, 한길사, 2008.

몽테스키외, 《법의 정신》, 고봉만 옮김, 책세상, 2006.

알렉시스 드 토크빌, 《미국의 민주주의》, 임효선 옮김, 한길사, 2002.

에마뉘엘 조제프 시에예스, 《제3신분이란 무엇인가》, 박인수 옮김, 책세상, 2003.

장 자크 루소, 《사회계약론》, 최석기 옮김, 동서문화사, 2007.

장 자크 루소, 《인간불평등 기원론》, 주경복 · 고봉만 옮김, 책세상, 2005.

제임스 랙서, 《민주주의란 무엇인가》, 김영희 옮김, 행성비, 2011.

존 로크, 《존 로크 시민정부》, 남경태 옮김, 효형출판사, 2012.

존 로크, 《통치론》, 조현수 옮김, 타임기획, 2006.

찰스 테일러, 《세속화와 현대문명》, 김선욱 외 옮김, 철학과현실사, 2003.

토머스 페인, 《상식, 인권》, 박홍규 옮김, 필맥, 2004.

토머스 홉스, 《리바이어던》, 최공웅 · 최진원 옮김, 동서문화사, 2009.

피터 버거, 《세속화냐 탈세속화냐》, 김덕영 · 송재룡 옮김, 대한기독교서회, 2002.

4장 경제혁명

그레고리 클라크, 《맬서스, 산업혁명 그리고 이해할 수 없는 신세계》, 이은주 옮김, 한
　　즈미디어, 2009.

도메 다쿠오, 《지금 애덤 스미스를 다시 읽는다》, 우경봉 옮김, 동아시아, 2010.

로버트 L. 하일브로너, 《고전으로 읽는 경제사상》, 김정수 · 이현숙 옮김, 민음사, 2001.

로버트 L. 하일브로너, 《세속의 철학자들》, 장상환 옮김, 이마고, 2008.

로버트 L. 하일브로너 · 윌리엄 밀버그, 《자본주의: 어디서 와서 어디로 가는가》, 홍기
　　빈 옮김, 미지북스, 2010.

손기화 글, 남기영 그림, 《만화 애덤 스미스 국부론》, 주니어김영사, 2008.

애덤 스미스, 《국부론》, 유인호 옮김, 동서문화사, 2008.

에릭 홉스봄, 《혁명의 시대》, 정도영 · 차명수 옮김, 한길사, 2007.

윤원근, 《애덤 스미스의 국부론을 말하다》, 신원출판사, 2009.

조지프 슘페터, 《자본주의 · 사회주의 · 민주주의》, 변상진 옮김, 한길사, 2011.

존 스튜어트 밀, 《정치경제학 원리 2》, 박동천 옮김, 나남, 2010.

칼 마르크스 · 프리드리히 엥겔스, 〈독일 이데올로기〉, 《칼 맑스 · 프리드리히 엥겔스
　　저작선집 1》, 박종철출판사편집부 엮음, 박종철출판사, 1997.

5장 개인의 탄생

아론 구례비치,《개인주의의 등장》, 이현주 옮김, 새물결, 2002.

츠베탕 토도로프,《개인의 탄생》, 전성자 옮김, 기파랑, 2006.

필립 아리에스 외,《사생활의 역사 4》, 전수연 옮김, 새물결, 2002.

6장 근대 도시의 탄생

가시마 시게루,《백화점의 탄생》, 장석봉 옮김, 뿌리와이파리, 2006.

게오르그 짐멜,《짐멜의 모더니티 읽기》, 김덕영 · 윤미애 옮김, 새물결, 2005.

데이비드 하비,《모더니티의 수도 파리》, 김병화 옮김, 생각의나무, 2005.

스티브 컨,《시간과 공간의 문화사: 1880~1918》, 박성관 옮김, 휴머니스트, 2004.

에밀 졸라,《여인들의 행복 백화점 1, 2》, 박명숙 옮김, 시공사, 2012.

이상욱 외,《욕망하는 테크놀로지》, 동아시아, 2009.

이진경,《근대적 시 · 공간의 탄생》, 그린비, 2010.

피터 브룩스,《육체와 예술》, 이봉지 옮김, 문학과지성사, 2000.

7장 동쪽으로 온 파도

가와시마 신,《중국근현대사 2》, 천성림 옮김, 삼천리, 2013.

강진석,《체용철학》, 문사철, 2011.

강창일,《근대 일본의 조선침략과 대아시아주의》, 역사비평사, 2002.

량치차오,《신민설》, 이혜경 주해, 서울대학교출판문화원, 2014.

리쩌허우,《역사본체론》, 황희경 옮김, 들녘, 2004.

리쩌허우,《중국근대사상사론》, 임춘성 옮김, 한길사, 2005.

리쩌허우,《중국현대사상사론》, 김형종 옮김, 한길사, 2012.

마루야마 마사오, 《문명론의 개략을 읽는다》, 김석근 옮김, 문학동네, 2007.

미야지마 히로시 외, 《동아시아 근대이행의 세 갈래》, 창비, 2009.

미타니 히로시 외, 《다시 보는 동아시아 근대사》, 강진아 옮김, 까치, 2011.

쑨원, 《삼민주의》, 김승일 · 윤형두 옮김, 범우사, 2000.

야나부 아키라, 《번역어의 성립》, 김옥희 옮김, 마음산책, 2011.

야스카와 주노스케, 《후쿠자와 유키치의 아시아 침략사상을 묻는다》, 이향철 옮김, 역사비평사, 2011.

옌푸, 《정치학이란 무엇인가》, 양일모 옮김, 성균관대학교출판부, 2009.

윤건차, 《한일 근대사상의 교착》, 이지원 옮김, 문화과학사, 2003.

이와나미 신서 편집부, 《일본 근현대사를 어떻게 볼 것인가》, 서민교 옮김, 어문학사, 2013.

후쿠자와 유키치, 《문명론의 개략》, 임종원 옮김, 제이앤씨, 2012.

8장 한국의 근대 경험

권보드래 · 천정환, 《1960년을 묻다》, 천년의상상, 2012.

김동노, 《근대와 식민의 서곡》, 창비, 2009.

김원, 《박정희 시대의 유령들》, 현실문화연구, 2011.

독립신문강독회, 《독립신문, 다시 읽기》, 푸른역사, 2004.

박노자 · 허동현, 《열강의 소용돌이에서 살아남기》, 푸른역사, 2005.

유길준, 《서유견문》, 허경진 옮김, 서해문집, 2004.

임지현 외, 《근대 한국, 제국과 민족의 교차로》, 책과함께, 2011.

정수복, 《한국인의 문화적 문법》, 생각의나무, 2012.

정용화, 《문명의 정치사상》, 문학과지성사, 2004.

황병주, 〈박정희와 근대의 꿈〉, 《당대비평》 28호, 생각의나무, 2004.

구민정 · 권재원, 《민주주의를 만든 생각들: 근현대 편》, 휴머니스트, 2011.

구본우, 《칼 폴라니, 반反경제의 경제학》, 비르투출판사, 2012.

데이비드 보일, 《세계를 뒤흔든 공산당 선언》, 유강은 옮김, 그린비, 2005.

도정일 외, 《다시, 민주주의를 말한다》, 휴머니스트, 2010.

뚜웨이밍, 《문명들의 대화》, 김태성 옮김, 휴머니스트, 2006.

로렝 드고, 《복제는 정말 비윤리적인가》, 김성희 옮김, 민음인, 2006.

뤽 페리, 《사는 법을 배우다》, 임왕준 옮김, 기파랑, 2008.

마이클 샌델, 《돈으로 살 수 없는 것들》, 안기순 옮김, 와이즈베리, 2012.

마이클 샌델, 《생명의 윤리를 말하다》, 강명신 옮김, 동녘, 2010.

배병삼, 《우리에게 유교란 무엇인가》, 녹색평론사, 2012.

스티븐 J. 굴드 외, 《인간복제, 무엇이 문제인가》, 박찬구 외 옮김, 울력, 2002.

실비아 페데리치, 《캘리번과 마녀》, 황성원 · 김민철 옮김, 갈무리, 2011.

에드워드 W. 사이드, 《문화와 제국주의》, 김성곤 · 정정호 옮김, 창, 2011.

에릭 홉스봄, 《제국의 시대》, 김동택 옮김, 한길사, 1998.

임원혁 외, 《신자유주의 대안론》, 창비, 2009.

장 베르트랑 아리스티드, 《가난한 휴머니즘》, 이두부 옮김, 이후, 2007.

장 지글러, 《탐욕의 시대》, 양영란 옮김, 갈라파고스, 2008.

정상수, 《제국주의》, 책세상, 2009.

조지프 스티글리츠 · 노엄 촘스키, 《경제민주화를 말하다》, 김시경 옮김, 위너스북, 2012.

카를 마르크스 · 프리드리히 엥겔스, 《공산당 선언》, 이진우 옮김, 책세상, 2002.

칼 폴라니, 《거대한 전환》, 홍기빈 옮김, 길, 2009.

콜린 크라우치, 《포스트 민주주의》, 이한 옮김, 미지북스, 2008.

헬레나 노르베리 호지, 《오래된 미래》, 양희승 옮김, 중앙북스, 2015.

황광우 · 장석준, 《레즈》, 실천문학사, 2010.

Images Credit

247 www.flickr.com/photos/usdagov

248 www.flickr.com/photos/koreanet 1

6장 근대 도시의 탄생

262 www.flickr.com/photos/kevinpoh

273 NonOmnisMoriar/CC BY SA 3.0

278 www.flickr.com/photos/76657755@N04

285 www.flickr.com/photos/henrikmoltke

286 www.flickr.com/photos/96828128@N02

287 www.flickr.com/photos/robie06

296 www.flickr.com/photos/cogdog

7장 동쪽으로 온 파도

305 www.flickr.com/photos/dalmaszalontay
_or_szallonntai

334 www.flickr.com/photos/gideon

8장 한국의 근대 경험

344 www.flickr.com/photos/gemmastiles

346 www.flickr.com/photos/jrmllvr

348 www.flickr.com/photos/zionfiction

350 www.flickr.com/photos/thomasletholsen

376 www.flickr.com/photos/andyarmstrong

9장 근대 비판

379 www.flickr.com/photos/wwarby

405 www.flickr.com/photos/epsos

406 www.flickr.com/photos/31284576@N06

407 www.flickr.com/photos/pagedooley

415 www.flickr.com/photos/christopherdombres

421 www.flickr.com/photos/86530412@N02

우리가 사는 세계

인문적 인간이 만드는 문명의 지도

지은이　　후마니타스 교양교육연구소

■

2015년 11월 23일 초판 1쇄 발행

■

책임편집　　안혜련
기획·편집　　선완규·안혜련·홍보람·촜
기획·디자인 아틀리에
홍보자문　　이노형범

■

펴낸이　　선완규
펴낸곳　　천년의상상
등록　　　2012년 2월 14일 제300-2012-27호
주소　　　(03983) 서울시 마포구 동교로 45길 26 101호
전화　　　(02) 739-9377
팩스　　　(02) 739-9379
이메일　　imagine1000@naver.com
블로그　　blog.naver.com/imagine1000

■

■

ISBN　　979-11-85811-14-7 03100

■

이 도서의 국립중앙도서관 출판예정도서목록(CIP)은 서지정보유통지원시스템 홈페이지(http://seoji.nl.go.kr)와
국가자료공동목록시스템(http://www.nl.go.kr/kolisnet)에서 이용하실 수 있습니다.
(CIP제어번호: CIP2015029532)

■